나는 행복한 푸바오 할부지입니다

KB191340

나는 행복한

푸바오 할부지입니다

강철원 지음

시공사

일러두기

❋ 인명, 지명 등은 한글맞춤법, 외래어표기법에 의해 표기하는 것을 원칙으로 했으나, 일부는 통용되는 방식으로 표기했습니다.

❋ 작가의 의도를 잘 전달하기 위해 일부 문장은 작가의 입말을 그대로 살렸습니다.

❋ 강철원 사육사의 사진이 수록된 페이지는 340쪽에서 확인하실 수 있습니다.

인간에게는 동물을 다스릴

권한이 있는 것이 아니다.

모든 생명체를 지킬 의무가 있다.

— 제인 구달

세월의 속도는 나이와 비례한 다고 했던가? 나이가 들수록 마음이 점점 더 조급해진다는 것을 예전에는 믿지 않았다. 지금에 와서 생각해 보니 어른들에게 들었던 대로다.

처음 판다에 대한, 사육사에 대한 책을 쓰자고 생각한 지 오랜 세월이 흘렀다. 곰 손녀가 셋이나 생긴 할부지 사육사로서 많은 분들의 관심과 시선을 받는 지금, 책임감에 대한 무게를 느낀다. 그러나 비켜서고 싶지는 않다.

매 순간 평소 하던 대로, 있는 그대로의 모습으로, 진심이어야 한다고 생각한다. 연출하거나 포장된 모습은 금방 들통이 나게 되어 있다. 그러니 모든 게 나의 루틴이고 습관이다.

결국 모든 일은 나 자신이어야 한다.

　37년간 야생동물과 함께하면서 동물들에게 언제나 진심이고 싶었다. 사람들에게 진심이고 싶었다. 살면서 마주했던 어려운 고난들 앞에서 지금까지 웃으며 떳떳할 수 있는 것은 부족하고 더디지만 스스로를 감추지 않고 나답게 진득이 살아온 면면들 덕분이리라.

　아이바오와 러바오를 만나고, 그들의 사랑의 결실로 푸바오가 태어났다. 나에게 큰 행복을 주는 푸바오에게 그 행복을 더해서 돌려주고자 노력했다. 그리고 루이바오와 후이바오가 태어났고 자라는 모습이 눈에 보일 만큼 빠르게 성장하고 있다.

　내 인생을 더욱 값지고 보람 있게 만들어 준 바오 가족들과 나와 인연이 되었던 모든 동물에게 진심으로 감사한다. 내 평생의 터전이 되어 준 동물원에도 무한한 감사를 보낸다. 동물원에서 동고동락하며 치열하게 함께 일하는 선배와 동료, 후배 사육사 들과 수의사들, 그동안 도움을 주고받았던 수많은 분들에게도 진심으로 감사한다. 바오 가족을 늘 예쁘고 맛깔스럽게 화면에 담아 주는 사진·영상 촬영 팀과 SNS를 통해 푸바오를 더욱 빛나게 도와준 관계자 분들께도 감사드린다.

특히 판다에 대해 많은 것을 가르쳐 준 중국 전문가 친구들에게도 큰 감사를 보내고 싶다. 감히 이제 몇몇 판다를 알아가는 단계인데 전문가처럼 떠드는 내가 그들에게 어떻게 보일까 곰곰이 생각하며 겸손해지고자 시시때때로 다짐한다.

촌뜨기에 부족한 내게 다가와 나를 품어 준 사랑하는 아내와 딸들에게 너무도 감사한다. 남편이, 아빠가 최고라며 존경과 신뢰를 보내 주는 가족은 내 인생의 가장 큰 버팀목이다. 나는 가족에게서 이해라는 덕목을 가장 크게 배웠다. 가족이 무한한 애정으로 든든한 힘이 되어 주고 지원을 아끼지 않았기에 나는 언제나 어디서나 자신감 넘치게 일할 수 있다. 타고났다고 할 만큼 성실함이 몸에 배도록 키워 주신 부모님과 형제자매에게도 고맙고 감사하다. 성장하면서 겪은 가난과 부모님이 몸소 보여 주신 부지런함이야말로 나의 가장 큰 재산이다.

이제 성년이 되어가는 푸바오는 머지않아 한국을 떠난다. 루이바오, 후이바오도 맏언니 푸바오와 같은 과정을 거칠 것이다. 언젠가는 아이바오와 러바오와도 이별을 고하는 날이 오겠지. 그러나 그들 하나하나는 나의 기억과 마음속에 항상 존재할 것이다. 바오 가족을 사랑하는 이모와 삼촌 들, 푸덕이들에게도 영원하리라 믿는다.

우리 모두는 바오 가족이 주는 행복들을 더해서 다시 누군가에게 돌려주고자 노력할 것이다. 그것이야말로 세상 모든 바오 가족들의 의미 있는 가치가 아니겠는가.

앞으로도 나와 함께하는 동물들에게 믿음을 주는 사육사로서 그들의 편에 서 있고 싶다. 그들의 가치를 키우고 세상에 빛나는 별이 되도록 해 주고 싶다.

동물들은 지구별에 인간과 같은 자연의 일부로서 모두 존중받아야 할 공동체다. 그렇게 세상 모든 동물들의 편이 점점 더 많아졌으면 좋겠다. 동물이 살 수 없는 곳에서는 인간도 살아갈 수 없으니까.

강철원

차례

프롤로그   006

(PART 1) 자 이 언 트 판 다 를 만 나 다

내 생애 첫 판다, 리리와 밍밍 015   18년 만에 다시 판다 사육사가 되다
022   판다 아빠란 별명을 얻다 032   이름이 뒤바뀌다 038   아이바오와
러바오의 마음을 얻다 043   판다들과 함께 한국으로, 판다 수송 대작전!
048   아이바오와 러바오의 판다월드 적응기   056

(PART 2) 나 의 꿈 은 판 다 할 아 버 지

국내 최초 아기 판다의 탄생을 꿈꾸다 075   아기 판다 탄생을 위한 완벽한
준비   084   아이바오와 러바오, 사랑을 나누다 093   아이바오, 엄마가 되
다 100   나도 판다 할부지는 처음이라서 108   죽순 쌈으로 전하는 사육사
의 진심 118   아기 판다의 인공 포유 126   무엇이 그리 빨리 보고 싶었을
까? 133   사랑한다면 아이바오처럼 138   100일, 푸바오와 함께 성장한 시
간   150

(PART 3) 푸바오, 너의 판생을 응원해

첫걸음마를 떼다 163   푸바오의 지독한 응가 냄새 170   운명 같은 나무 타기 연습 177   푸바오와의 퇴근 전쟁 186   돌잔치를 하다 198   푸바오, 이제 독립합니다! 205   프로 대나무 서리꾼, 푸바오 218   98.4kg 공주님의 행복한 1000일   232

(PART 4) 새로운 시작, 행복은 언제나 우리 곁에 있어

판다와의 시간은 너무 빨리 흐른다 245   아이바오의 두 번째 임신기 252   쌍둥이 아기 판다의 탄생 256   육아 만렙 아이바오의 슬기롭고 빛나는 보물들 264   함께한 시간만큼 서로에 대한 믿음도 커진다 274   푸바오를 쏙 빼닮은 루이후이의 명랑 성장기 286   루후의 앞날을 예견하며   293

에필로그 오늘도 유채를 심는다   305

(Special Column) 사육사로 산다는 것

사육사가 되는 길 313   사육사가 가는 길 320   사육사가 머무는 길 330

(PART1)

자이언트판다를 만나다

내 생애 첫 판다,
리리와 밍밍

동물원에서 보낸 37년, 잠시 머물다 갈 직장이라 생각한 자리가 어느덧 평생이 되어간다. 그동안 수많은 동물과 만나고 헤어지기를 반복했다. 기나긴 여정에 만난 모든 동물들은 내가 그들에게 들인 노력과 정성보다 훨씬 더 큰 보상으로 수많은 추억과 행복을 선사해 주었다. 어쩌면 내 삶의 마지막 순간까지 다 사용하지 못할 만큼 큰 사랑을 채워 준 듯하다.

내 삶의 열정이자 에너지 원천이기도 한 야생동물과의 시간 중 가장 크고 굵직한 추억은 자이언트판다와의 만남이다. 판다와의 인연은 아이바오와 러바오를 만나기 전으로 시간을 한참 거슬러 올라간다. 나는 동물원에 입사한 지 2년 만에 입대를 했고, 무사히 군 생활을 마치고 복직했을 때 처음 판다를 만났다.

사실 제대 후 머릿속이 복잡했다. 그 시기 남자들이 다 그럴까? 아니면 시대적 배경 때문이었을까? 입대 전과 달리 인생을 함께할 동반자를 만나 안정된 가정을 꾸려야 한다는 생각도 하고, 내 인생에 지속할 직업에 대한 고민도 컸다. 이대로 동물원에서 계속 일을 할지, 더 늦기 전에 다른 직업을 찾을지 갈등하던 시기에 판다들은 나에게 새로운 일에 도전할 기회와 용기를 불어넣어 주었다.

1994년 4월, 사파리월드에서 사자와 곰 등을 담당하며 근무하고 있을 때다. 동물부장님이 나를 찾는다는 무전 호출을 받고 갔더니 대뜸 이렇게 물었다.

"팬더월드(당시엔 팬더월드였다)에서 근무해 볼 생각 있어?"

나는 망설이지 않고 답했다.

"지금 일하고 있는 사파리월드가 적성에 잘 맞습니다. 열심히 일하고 있고 다른 곳으로 갈 생각은 없습니다."

면담은 간단하게 마무리되는 듯했다. 하지만 다음 날, 출근해 보니 팬더월드로 발령이 나 있었다.

'팬더월드로 출근하라고?'

이렇게 일방적으로 처리할 거라면 차라리 팬더월드에 인원을 충원해야 하니 내일부터 그쪽에서 근무하라고 말할 것이지. 가기 싫은 곳에 억지로 가서 일하는 꼴이 되고 말았다.

당시 판다를 좋아한다거나 판다에 호기심이 많아 관리해 보고 싶다는 마음은 1도 없었다. 아무런 마음의 준비도 하지 못하고 다음 날부터 팬더월드로 출근했다.

판다 리리와 밍밍과의 인연은 그렇게 시작되었다. 리리와 밍밍은 한중 수교 2주년을 맞아 한국에 온 첫 번째 판다들이다. 나를 포함해 한국인 사육사 두 명, 중국인 사육사 두 명, 중국인 수의사 한 명, 통역사 한 명, 손님들에게 팬더월드를 소개하고 동선을 안내하는 안내 그리팅 네 명, 이렇게 총 열 명이 새로운 관계를 맺으며 팬더월드에서 업무를 익혔다.

리리는 약간 가녀린 몸매에 입이 짧아 먹이 투정도 자주 하고 만성 소화불량으로 힘들어했다. 개구지고 장난기 많은 밍밍은 둥글둥글 예쁜 얼굴형으로 호감을 느끼게 하는 판다였다.

신참 사육사였던 나는 기술적인 사육 부분에 관여할 위치가 아니었다. 중국 전문가들이 직접 관리하던 시기라 판다의 암수를 구별하는 방법도 모른 채 보조 사육사로 근무했다.

판다의 식성은 무척 특이하다. 식육목 곰과의 포유류지만 대나무만 먹도록 진화했다. 대나무는 따뜻한 기후대에서 자라는데 우리나라는 중부 이남 지방에만 주로 분포한다.

간혹 리리와 밍밍이 좋아하는 대나무가 제때 들어오지 않거나 대나무 잎이 마르는 겨울철에는 대나무가 맛이 없다며 먹지 않고 투정하곤 했다. 조리실에 있는 대나무가 동나기라도 한 날엔 급히 지방으로 대나무를 구하러 갔다.

리리는 소화를 잘하지 못해 점액 변을 배설하는 경우가 잦았다. 오랜 시간 복부 통증으로 활동도 하지 않고 웅크린 채로 있다가 점액을 배설하고 나서야 겨우 대나무를 먹어서, 이를 지켜보는 사육사들도 몹시 안타까웠다. 그래서인지 리리는 체중이 80킬로그램 정도에서 더 이상 성장하지 못하고 어른 판다가 되었다.

사육사가 동물에 대해서 모르는 것이 많으면 그만큼 동물도 수난을 겪거나 제대로 보살핌을 받지 못한다. 사육사가 꾸준히 담당 동물을 이해하고 교감하기 위해 노력해야 하는 이유다.

리리와 밍밍과 함께한 5년여의 시간 동안 정이 많이 들었다. 하지만 헤어짐의 순간은 순식간에 다가왔다.

1999년 2월 초, 김포공항의 바람은 살갗을 도려내는 듯 차가웠다. 어쩌면 정든 판다들을 돌려보내야 하는 아쉬움과 슬

폼 때문에 더욱 시리고 아팠을 것이다.

경제위기가 닥쳤던 IMF 시절, 뉴스에 많은 외화가 판다 두 마리로 인해 해외로 새어 나간다는 보도가 나왔다. 결국 여론에 밀려 판다들을 중국으로 돌려보내기로 결정되었다. 귀국 비행기에 오르던 리리와 밍밍 곁에는 추위에 떨고 있는 나 말고는 없었다.

5년간 많은 사랑을 받았던 판다 한 쌍의 애정에 비해 너무 초라한 이별이었다. 판다들을 비행기에 태운 뒤, 리리와 밍밍이 보지 않게 돌아서서 눈물을 훔쳤다.

그해 겨울은 지금 떠올려도 여전히 춥고 시리다.

○ 하얀색과 검은색, 두 가지 색으로만 그림을 그리면
이렇게 아름다울 수 있을까?
검은 팔과 검은 어깨, 검은 다리,
하얀 등과 하얀 배, 검은 코와 새까만 눈,
꼬리는 무슨 색이더라?

18년 만에 다시
판다 사육사가 되다

2016년, 판다가 다시 한국 땅을 밟았을 때 나도 판다 담당 사육사가 되어 있었다. 어쩌면 18년 전 판다를 관리해 본 경험자가 홀로 남아 있는 상황에서 당연한 결정이었다.

사실 리리와 밍밍이 떠나기 전, 회사에서 희망퇴직을 받고 구조조정을 실시했을 때, 나는 사표를 냈다. 그런데 어찌 된 일인지 사표가 바로 수리되지 않고 회사에서 면담을 요청했다. 이유를 들어보니 함께 판다 사육사로 근무하던 선배도 사표를 냈단다.

당시 나는 결혼을 하지 않은 데다 무얼 해도 혼자 못 살아가겠나 생각했고, 선배는 결혼해서 아이가 둘이나 있으니 여러모로 내가 사표를 내는 게 낫다고 판단했다. 그런데 선배는 오히려 결혼도 안 한 내가 동물원을 그만두면 어떻게 살아가겠나 싶어 사표를 냈다고 했다. 서로를 배려해 상의하지 않고 희망퇴직을 신청해 벌어진 일이었다.

둘 중 하나는 남아서 판다를 돌봐야 하지 않겠냐며 회사 측에서 면담을 하자고 한 것이다. 결국 선배가 퇴사하고 나는 동물원에 남았다(우리 둘의 미담은 지금도 서로의 마음을 훈훈하게 한다).

리리와 밍밍을 돌려보낸 후, 나는 한국호랑이와 백호, 북극곰 등을 담당해 관리하면서 '동물퍼레이드'라는 퍼포먼스를 총괄했다.

동물원 시설 중 설계와 시공이 가장 까다로운 원숭이들의 낙원 '몽키밸리'도 건설해 성공적으로 오픈했다. 400~500그램의 마모셋원숭이부터 100킬로그램이 넘는 오랑우탄까지 20여 종의 원류 동물들이 살아갈 공간을 기획하고 만드는 일은 쉽지 않았다. 몽키밸리의 설계·시공에서부터 동물들이 입주하고 적응하기까지 정말 많은 에너지를 쏟았다.

일반적인 포유동물이 사는 공간은 벽이나 울타리만 있으면 이탈을 막을 수 있다. 하지만 원류는 높은 벽도 쉽게 올라가고 무엇보다 손 사용이 자유로워 뭐든 만지고 파손할 수 있다. 게다가 동물원이라는 특수성을 고려해 설계나 시공을 할 수 있는 인력이나 업체가 전무했다. 사람이 살 공간만 구성해본 시설 담당자나 업체에 동물의 특성을 고려해 어떻게 공간을 구성해야 하는지 이해시키는 데도 상당한 시간과 에너지가 소모되었다.

오랑우탄이 사용할 높이가 20미터 정도 되는 하늘길, 침팬지들의 놀이터가 될 타워 등 시설을 직접 오르내리며 점검하고 연결하는 고소작업을 사육사들이 해야 하기에 관련 업무를 자연스럽게 익히기도 했다.

몽키밸리를 준비하면서 함께 일하는 사육사들에게 수염을 길러 보자고 아이디어를 냈다. 경영진은 서비스를 하는 테마파크에서 사육사들이 수염을 기르는 건 말도 안 된다고 했다. 하지만 포기하지 않고 원숭이들이 그루밍을 하며 유대관계를 형성하는 특징이 있으니 사육사들이 수염을 길러 유대감을 강화하면 좋은 전략이 될 수 있다고 경영진을 설득해 마침내 승인을 받아냈다.

결과는 대성공이었다. 동물의 습성을 고려한 독특한 전략으로 나는 몽키밸리의 마스코트 같은 역할로 부각되었다. 다만 방송 출연이 잦아지니 알아보는 사람이 많아져 사생활에 지장을 받기도 했다.

사육사는 굉장히 높은 곳까지 올라 시설물을 점검하기도 한다.

몽키밸리 시절, 수염을 기른 모습

결국 수염을 깎겠다고 보고했더니 초기에 완강하게 반대했던 경영진이 아쉬워하는 상황이 벌어졌다. 나는 2년여 만에 깔끔한 얼굴을 되찾았다.

몽키밸리가 원류 테마존으로 잘 자리를 잡자 이번에는 '로스트밸리'를 맡게 되었다. 로스트밸리는 수륙양용차를 타고 인간들이 잃어버린 땅에서 동물들을 만난다는 스토리로 새롭게 구성한 테마 공간이었다.

로스트밸리 오픈을 위해 시공과 관리를 맡아 하던 중 운 좋게도 '차이나 인사이트'라는 프로그램에 참가하게 되어 5개월간 중국에서 생활했다. 차이나 인사이트는 중국어에 관심 있는 사원들의 신청을 받아 연수자로 선정되면 연수 비용을 회사에서 지원하는 프로그램이었다.

나는 베이징어언대학교에서 중국어를 배우며 여러 도시의 문화를 경험했다. 이때 중국에서의 경험과 짧게 배운 중국어는 판다들이 다시 한국에 왔을 때 인적 네트워크를 형성하고 유지하는 데 많은 도움이 되었다.

중국 연수를 마치고 로스트밸리로 복귀했다. 이번에는 네덜란드에 가서 소형 수륙양용차 제작과 운전법을 배웠는데, 이는 로스트밸리 스페셜 탐험의 토대가 되었다. 짧게 배운 수륙양용차 운전법을 현장에서 무수히 연습해 터득한 후, 10여

명의 가이드 대원을 양성했다. 얼룩말이나 기린 같은 아주 예민한 야생동물들이 차에 잘 접근하도록 적응시키는 과정은 녹록지 않았다.

일은 여기서 끝나지 않았다. 손님들을 차에 태우고 안내하는 전 과정을 교육하고 관리하는 업무도 맡았다. 가이드 내용을 연습시키고 시연하면서 입담 좋은 탐험대장을 양성하는 데만 3~5개월 정도가 걸렸다. 이러한 과정은 후배들을 교육하는 것만이 아니라 나 자신을 더욱 단단하게 단련하는 시간이기도 했다.

그렇게 시들지 않는 열정으로 다양한 동물들을 돌보며 후배 양성에 힘쓰고 있을 때, 판다를 다시 데려온다는 계획이 발표되었다. 18년 만에 판다가 한국으로 오게 된 것이다.

이 소식을 듣자마자 판다를 담당해야 하는 사람은 당연히 운 좋은 나라고 생각했다. 오래전 판다를 관리한 경험이 있고, 얼떨결에 중국 문화를 짧게나마 접했고, 조금이나마 중국어를 할 줄 아는, 판다의 주식인 대나무를 어렸을 때부터 흔하게 가지고 놀았던 것까지. 준비가 기회를 만났을 때 일은 성사되고 행운을 잡는 법이다. 의도하진 않았지만 어쩌면 판다를 다시 만날 운명처럼 이 모든 걸 준비해 온 게 아닌가 하고 혼자 생각했다.

2014년 판다가 다시 한국에 오는 것이 결정되고, 나는 중국 국가임업초원국 주관으로 충칭에서 열리는 판다 컨퍼런스에 참여하게 되었다. 그곳에서 판다 관련 인적 네트워크를 형성하고 판다 도입에 대한 새로운 시작을 알렸다.

이때 리리와 밍밍을 관리하며 알게 된 충칭동물원 부원장 곽위 여사를 다시 만나 도움을 받기도 했다. 당시 곽위 여사는 컨퍼런스에 참여한 많은 사람들에게 열정적인 한국의 판다 전문가이자 자신의 쩐친이라고 나를 소개하며 좋은 관계를 만들도록 도움을 준 것이다. 사람의 관계란 참 묘하다. 그래서 매 순간 함께하는 인연이 얼마나 소중한지를 잊지 말아야 하는가 보다.

판다를 한국으로 데려오기 1년 전부터 본격적인 준비를 시작했다. 먼저 판다들이 살게 될 공간을 구성하고 준비하는 데 많은 공을 들였다. 판다월드가 자리할 위치의 기획, 설계, 시공을 두루 챙겼다. 나무 한 그루까지 모든 주변 환경을 직접 결정하고 가꾸었다. 신기하게도 몽키밸리, 로스트밸리 등 그동안 쌓은 모든 경험이 훌륭한 자양분이 되었다.

바윗돌은 판다가 등을 기대고 대나무를 먹기 편한지, 나무는 판다가 오를 수 있고 편하게 휴식을 취할 수 있는지, 손님들이 판다를 보기 용이한지 등 여러 조건들을 세심히 따져 가며 각 분야 전문가들과 깊이 고민하고 진행했다.

　판다의 습성에 맞는 공간 구성, 재미있는 관람을 위한 전시 공간, 판다에 관한 주요 정보를 담은 안내판, 이탈이나 사고를 방지하기 위한 안전시설 등 갖가지 요구사항들을 꼼꼼하게 준비했다. 판다들의 동선을 시뮬레이션하고, 시공을 감독하고 감리해 판다월드라는 새로운 공간 작품을 채워 나갔다.

두장옌 판다 기지에서 아이바오(왼쪽)와 러바오(오른쪽)

판다 아빠란
별명을 얻다

판다월드가 거의 완공단계에 이르렀던 2016년 1월, 중국 쓰촨성 두장옌으로 날아갔다. 혹한의 겨울이지만 두장옌은 용인보다 온난했다. 영하 3~4도에서 영상 5~6도 정도로 추위를 그리 걱정하지 않아도 되는 날씨였다.

한국에 데리고 올 판다들은 몇 달 전에 내정해 둔 상태였다. 중국 판다 기지에서 유전 정보를 감안해 암수 후보군을 보내 주었고, 내부 논의를 거쳐 중국 현지에 가서 아이바오와 러바오가 될 판다들을 선정했다.

판다는 얼굴이 길쭉하면 나이가 들어 보이거나 귀여운 느낌이 덜하다. 후보군 중 얼굴이 가장 동글동글하고 생기 넘치는 젊은 판다를 골랐다. 사실 이때는 중국에서 받은 간략한 개체 정보와 외모만 보고 데려올 판다들을 정했다. 만약 아이바오의 내향적이고 예민한 성격을 미리 알았다면 어땠을까? 지금처럼 사랑스럽고 사이좋은 아이바오가 곁에 없을지도 모른다. 정말 다행이다.

이렇게 아이바오, 러바오와의 인연이 시작되었다. 해외로 나가는 판다들은 중국 현지에서 담당 사육사와 친해질 수 있도록 적응 기간을 둔다. 나는 두 달 전에 두장옌 판다 기지에 가서 아이바오, 러바오와 얼굴을 익히며 판다들을 잘 돌보기 위한 노하우를 배웠다.

아이바오, 러바오와 함께 한국에 오기 전, 1999년에 중국으로 돌려보낸 리리가 청두 자이언트판다번육연구기지에 있다는 이야기를 듣고 수소문해 찾아갔다. 두근두근 심장이 요동쳤다.

판다의 평균 수명은 25년 정도다. 이를 감안하면 노년 생활 후반기일 텐데 리리는 건강할까? 판다가 머리가 좋기는 하지만 나를 기억하지는 못할 거야. 그동안 새끼는 낳았을까? 리리를 만나러 가는 동안 답을 듣지 못할 수만 가지 질문들이 내 머릿속을 이리저리 헤집고 다녔다.

18년 전 일곱 살의 나이로 한국을 떠났던 리리는 고령에도 걱정했던 것보다 예쁜 모습으로 잘 지내고 있었다. 리리는 여전히 아담하고 귀여웠다. 한국에 있을 때 본 모습 그대로였다. 그동안 새끼도 낳고 어엿한 엄마가 되어 있었다.

감동적인 재회였다. 내가 보살피던 동물과 이렇게 오랜 시간 헤어졌다 다시 만난 적은 없었다. 울렁이는 마음을 다잡고 리리를 불렀다.

"리리! 리리!"

리리는 내가 부르는 소리에 고개를 들더니 두리번거리다 놀라며 소리가 나는 곳을 찾아 서서히 걸음을 뗐다. 나를 향해 돌아보며 눈을 마주치고 내게 다가왔다. 리리는 나를 기억하고 있었다. 맙소사! 18년이라는 긴 세월 동안 한국 사육사를 마음속에 간직하고 있었다니, 참아 보려던 마음과 무색하게 눈물이 흘렀다.

주변에 있던 사람들도 깜짝 놀랐다. 내게 다가오는 리리를 보고 현장은 감동의 물결이 일었다.

"당신이 진정한 판다 아빠네요! 슝마오빠바!!"

함께 간 관계자들이 내게 '판다 아빠'라는 별명을 지어 주었다. 이 일을 계기로 푸바오가 태어나기 전까지 나는 '판다 아빠'로 불렸다. 그리고 푸바오가 태어나며 '판다 할아버지', '푸바오 할부지'가 되었다.

사람들은 묻는다.
푸바오를 중국으로 보낼 때 얼마나 마음이 아프겠냐고.

"푸바오를 보낼 수 있으시겠어요?"

사육사는 동물과 정을 떼는 이별이 아니라
정을 감추는 이별을 한다.
애당초 이별 없는 만남이 존재하기나 하던가?

이름이
뒤바뀌다

　　　　　　아이바오, 러바오라는 이름
은 내가 중국 현지에 있을 때 결정되었다. 한국과 중국 네티
즌을 대상으로 이름을 공모했고 몇 개를 추려 투표로 선정했
다. 에버랜드의 중국식 명칭인 '애보낙원愛寶樂園'의 의미를 따
서 수컷 판다는 '사랑스러운 보물'이라는 뜻을 가진 '아이바
오愛寶', 암컷 판다는 '즐거움을 주는 보물'이라는 이름의 '러
바오樂寶'로 정해졌다. 잘못 적은 게 아니냐고? 처음에 결정된
이름은 지금과 반대였다.

　이름이 결정되자 나는 판다들이 자신의 이름을 자연스럽
게 익히도록 새 이름으로 부르기 시작했다. 그래야 아이바오
와 러바오도 자신을 부르는 사육사의 목소리를 파악하고 서

로 원활히 소통할 수 있을 테니 말이다. 동물이나 사람이나 이름을 자주 부르다 보면 정이 두터워지기 마련이다.

사육사에게 동물의 이름은 교감을 나누는 최전선의 소통 방식이다. 동물은 자신의 이름에 담긴 뜻은 알지 못한다. 사육사가 자신을 부르는 호칭에 익숙해지면 보통 두 가지 반응을 보인다.

하나는 긍정적 반응으로 사육사에게 반갑게 다가오거나 바라보거나 애정 표현을 한다. 다른 하나는 부정적 반응이다. 자리를 피하거나 웅크리거나 간혹 공격적인 태도를 취할 수도 있다. 그래서 동물의 이름을 부를 때는 기분 좋은 표현과 행동이 뒤따라야 한다. 밝은 목소리로 이름을 부르며 칭찬하거나, 사랑스럽게 만져 주거나, 맛난 먹이를 주거나, 놀아 준다면 자신의 이름이 들릴 때마다 동물은 긍정적으로 반응한다.

만약 혼을 내거나 지적할 일이 있다면 가급적 이름을 사용하지 않는 것이 좋다. 부정적인 일에 이름을 함께 사용하면 이름 자체를 부정적으로 인식하기 때문이다.

판다들을 한참 새로운 이름으로 부르다 한 가지 문제가 제기되었다. 중국의 작명문화에서 '사랑 애愛'는 여자 이름에만 사용한다는 것이다. 결국 논의 끝에 암컷과 수컷의 이름을 바꾸기로 했다. 암컷은 아이바오, 수컷은 러바오.

우여곡절 끝에 이름이 확정되었고 아이바오와 러바오는 낯선 나를 친구로 받아 주었다.

동물원에서는 동물들의 이름을 지을 때 대개 사육사가 낸 몇 가지 아이디어와 부모 세대의 이름을 참고한다. 동 세대의 내림차순으로 짓거나 관리상 구별하기 쉬운 이름을 사용하는 경우도 많다.

판다의 경우는 공개 투표로 이름을 정하고 있다. 이는 판다라는 동물의 상징성도 있지만 한국과 중국의 우호를 다지기 위한 노력 중 하나다. '동물 외교'라고 할 만큼 국가 간 관계를 고려해 판다를 파견하기 때문이다.

동물 이름을 지을 때는 어감이 좋아 부르기 편하고 외우기 쉬워야 한다. 또한 친근감이 들어 사람들이 편하게 부를 수 있는 따스함이 있어야 한다. 이름에 좋은 의미가 함축되어 있으면 더 좋다. 실제로 아이바오, 러바오라고 부르면서 판다들과 더욱 친해졌다는 생각이 든다. 판다들에 대한 애정 표현의 강도도 높아졌다.

"아이바옹~ 러바옹~!"

내가 판다들의 이름을 부를 때 사랑이 듬뿍 담긴다는 이야기를 많이 듣는다.

누군가의 이름을 부를 때, 따스함과 애정을 담아 부르면 어떨까? 마음은 눈에 보이지 않지만 이런 작은 노력이 쌓여 온화하고 아름다운 관계를 만드는 마중물이 된다.

2016년 1월, 두장옌 판다 기지에서 러바오와 인사를 나누며

아이바오와 러바오의
마음을 얻다

러바오는 태어나자마자 인공
포육으로 사육사의 보살핌을 받으며 자랐다. 그래서인지 처
음 보는 내게 장난을 치며 원래 알던 사이처럼 친근하게 대했
다. 먼저 다가와 마킹을 하고 놀아 달라며 특유의 낑낑대는
소리를 내기도 했다.

엄마 판다에게서 자란 아이바오는 달랐다. 러바오보다 예
민하고 내성적이어서 낯선 사람에게 쉬이 마음을 열지 않아
친해지는 데 3주가량 걸렸는데, 첫인사부터 긴장과 의심의 눈
초리로 거리를 두며 다가오지 않았다. 내가 이름을 부르면 놀
라서 대나무를 먹거나 걷다가도 멈칫했다. 스킨십을 위해 손
을 만지려 하면 자리를 피하며 거리를 두기도 했다. 내가 맛

있는 먹이를 들고 있어도 다가오지 않는 아이바오, 사실 이때만 해도 혹시 성격이 모난 아이는 아닌가 하고 걱정을 했다.

처음에는 친화력이 뛰어난 러바오가 반가웠지만 아무나 보고 좋아하고 장난치는 러바오는 너무 쉬운 남자였다. 아이바오는 마음을 열기까지 시간이 꽤 걸렸지만 막상 친해지고 나니 사육사에게 무한한 믿음을 보여 주는 의리파 여장부였다.

사람과 마찬가지로 동물도 성격이 제각각이다. 성격이 좋지 않은 동물도 있을 수 있다. 이런 동물들은 돌보는 데 애를 먹기도 한다. 그렇지만 함께하기로 결정한 이상 어떻게든 친해져야만 한다.

나는 판다들과 빨리 친해지기 위해 할 수 있는 한 최대한 많은 시간을 함께 보냈다. 출근해서 퇴근할 때까지 내 목소리와 휘파람 소리를 수시로 들려주었다. 쉬는 날도 없이 중국에 머무는 내내 매일 아이바오와 러바오의 곁에 있었다. 말이 통하지 않으니 특히 목소리에 감정을 실었다. 친해지고 싶다고, 앞으로 잘해 주겠노라고, 나를 믿고 함께 가 보자고.

어쩌면 그때부터 아이바오를 부르는 소리에 비음이 섞였는지도 모르겠다. 반려동물을 키우는 사람들은 잘 알 것이다. 자신의 반려동물이 아무나 보고 좋아하면 좋은 듯 서운하고, 자신만 따르는 친구는 은근히 더 예쁘고 챙겨 주게 된다는 것을.

아이바오가 그랬다. 한번 마음을 열면 정말 진국인 친구다.

설날과 결혼기념일까지 중국의 두장옌 판다 기지에서 판다들과 함께 보냈다. 사실 결혼기념일마다 이벤트를 챙기던 나는 이역만리에서 목소리로만 기념일을 챙기는 것이 많이 아쉬웠다. 고심하다 아끼는 후배에게 부탁해 꽃다발과 편지를 아내에게 전해 달라고 했다. 여러모로 어려운 여건이었지만 하고자 하는 일에는 늘 방법이 있는 법이니까. 다행히 아내도 그때 일을 좋은 추억으로 간직하는 듯하다.

아이바오와 러바오의 검역을 마치고 한국으로 돌아오기 전, 번식 기지인 야안 판다 기지에서 3일간 머물렀는데 운 좋게도 판다 번식 과정을 지켜볼 수 있었다(판다들의 번식 시기는 봄이다. 2월에 판다의 짝짓기 과정을 본 것은 매우 드문 기회였다. 이후 아이바오와 러바오가 사랑을 나누는 데 도움이 되었으니, 동물원을 설득해 번식 기지를 방문한 일은 정말 탁월한 선택이었다).

두 달이 쏜살같이 지났다. 아이바오와 러바오를 잘 돌보기 위해 보고 싶은 것도 넘쳐났고, 배우고 경험해야 할 실무도 굉장히 많았다. 내 삶의 열정이자 행복의 원천이기도 한 야생동물을 위해 새로운 것을 배우고 익히는 일은 언제나 즐겁다. 가슴 뛰는 에너지가 된다. 언제나 내가 새로운 일에 도전하는 이유다.

2016년 1월, 두장옌 판다 기지에서 아이바오

판다들과 함께 한국으로,
판다 수송 대 작전!

드디어 아이바오, 러바오와 함께 한국으로 올 날이 다가왔다. 항공기 운송 기준에 맞춰 판다들이 타고 갈 이동박스를 제작하고 검수를 마쳤다. 항공편은 특별기로 정해졌다. 판다 덕분에 특별기를 타 보다니!

이동박스 규격은 비행기 탑승 공간에 최대로 맞춰 제작했고, 환송과 환영 행사를 할 때 판다가 보이도록 한쪽 면은 투명 아크릴로 시공했다. 반대편에는 양국 국기 그림이 인쇄된 천을 둘렀다. 이동박스는 타공을 해서 환기도 되고 판다들이 숨을 원활하게 쉴 수 있도록 했다. 그리고 판다들이 언제든 물을 마실 수 있는 음수대와 탑승 전 먹던 먹이나 이물질을 제거할 수 있는 밑판, 박스를 조작할 수 있는 손잡이 등을 장착하고 안전을 담보할 잠금장치도 설치했다.

중국 대나무와 한국 대나무 맛이 달라 혹시나 스트레스로 인한 비상 상황에 대비할 수 있도록 중국 대나무를 따로 준비했다. 판다가 식욕을 잃었을 때 가장 좋아하는 먹이는 죽순이다. 중국은 기후대가 넓어 계절에 상관없이 판다에게 죽순을 공급할 수 있다. 하지만 한국은 4월 중순에서 6월 말까지만 신선한 죽순 공급이 가능하다.

판다들이 한국으로 오는 3월 초에는 죽순을 구할 수 없어 중국 죽순을 비상식량으로 준비하려 했다. 그러나 세관법상 생육 가능한 식물은 세관 통과가 불가능하단다. 어쩔 수 없이 죽순을 포기하고 최근 잘 먹던 왕죽 줄기만 세척하고 건조해 규격 박스에 담았다.

2016년 3월 2일 16시, 두장옌 판다 기지에서 판다의 한국행 환송식이 열렸다. 성대한 환송식이 끝난 뒤, 곧바로 두 시간가량을 달려 청두 공항 근처에서 1박을 했다. 2개월간 함께 생활하면서 판다들과 교감을 쌓아왔지만 만일의 상황에 대비해 중국 사육사와 수의사가 한 명씩 운송에 동참했다.

저녁을 일찍 먹고 아이바오, 러바오의 상황을 살핀 뒤 잔뜩 긴장한 마음에 뜬눈으로 아침을 맞이했다.

동물에게는 삶의 터전을 옮기는 것이 가장 힘든 일이다. 특히 야생동물이 불편한 박스에 갇혀 낯선 장소로 이동하는 일은 굉장히 긴장되고, 두렵고, 스트레스가 가중되는, 에너지 소모가 많은 경험이다.

다음 날 일찍 공항으로 이동했다. 판다들이 타고 있는 이동박스를 항공기에 옮겨 싣고 수속을 밟았다. 극도로 긴장한 아이바오와 러바오의 눈동자에 두려움이 느껴졌다. 넣어 준 대나무도 먹지 않고 죽순으로 겨우 주린 배를 채우며 먹방 판다의 위용을 잃었다. 한숨도 못 잔 터라 상태가 까칠하기는 나도 마찬가지였다. 항공기 내에는 기장과 정비사, 중국 수의사와 사육사, 나, 그리고 아이바오와 러바오만 탑승했다.

청두 공항을 이륙해 서해를 날아오는 동안 30분 간격으로 판다 탑승 공간으로 내려가 안부를 묻고 상황을 확인했다. 사람보다 더 감각이 뛰어나고 예민한 판다들이기에 비행기에 탑승하고 하늘을 나는 것이 쉽지 않은 일이었을 것이다. 어쩌면 공포와 두려움 속에 마지못해 어떻게든 빨리 이 상황이 해결되기를 바랐을지도 모르겠다. 두 달간 정을 주고 친해진 사육사로서 이들에게 조금이라도 도움이 되고 있는지 의문이 들었다.

중국 청두 공항을 이륙한 특별기는 4시간여 만에 인천공항에 도착했다. 세관 수속을 마치고 청사 밖으로 나왔다. 공항에는 어제 있었던 두장옌 판다 기지에서의 환송회 못지않게 성대한 환영식이 준비되어 있었다. 환경부 관계자는 물론, 회사 임직원들, 동물원 식구들, 방송국의 수많은 기자와 촬영진 등 모두가 기대와 호기심으로 가득 차서 기다리는 눈치였다.

하지만 더 이상 시간을 지체할 수 없었다. 가장 먼저 판다들의 안부를 살피고, 잠시 짧은 촬영과 인터뷰를 하고선 판다들의 스트레스를 최소화하기 위해 최대한 빨리 용인으로 출발하도록 요청했다.

동물원까지는 무진동, 항온항습 장치가 되어 있는 차량으로 이동하기 때문에 비행기보다는 긴장을 풀 수 있지 않을까 기대하며 선탑자로 차량에 탑승해 앞뒤 경찰차의 호위를 받으면서 한달음에 도착했다.

에버랜드 정문을 통해 보안실을 통과하고 손님들이 즐비한 파크를 안내받으며 입성하는 기분은 묘했다. 사실 파크 내 손님이 있는 상태에서 차량을 타고 들어온다는 것 자체가 평소엔 불가능한 일이었다. 게다가 수많은 환영 인파를 뚫고 이동하다 보니 마치 내가 환영받는 듯한 착각이 들 정도였다.

한국을 떠난 지 두 달 만에 멋지게 완공된 판다월드에 도착했다. 아이바오와 러바오를 동물사 내실에 입주시키고 안정된 모습을 확인하고 나서야 긴장이 풀렸다.

판다들은 중국 두장옌 판다 기지에서부터 판다월드에 도착하기까지 꼬박 24시간 동안 차량과 항공기 이동박스 안에서 그들이 경험해 본 적 없는 긴장감을 버텨낸 것이다. 이 또한 아이바오와 러바오에게 새로운 경험과 좋은 학습이었으리라 생각하고 싶다.

한국에서 아이바오와 러바오를 대하는 나의 가슴에는 크나큰 책임감이 가득했다. 고국 땅에서 잘 살고 있는 아이들을 한국에 갈 대상으로 결정했고, 정 주고 마음 주며 꼬드기듯 친해졌고, 새로 살 공간도 내 생각대로 꾸며 놓고서는 힘겹지만 잘 적응하고 살아 보라 했으니 말이다. 그러니 얼마나 잘해 주어야 하겠는가, 하는 책임감이었다.

사육사의 생각과 행동은 곧 동물의 복지로 이어진다.

사육사가 어떻게 생각하고 얼마나 배려하느냐에 따라

동물들의 삶에 큰 영향을 준다는 말이다.

모든 사람들이 다른 생각을 해도 사육사만은

동물의 편이 되어야 한다.

이는 사육사가 절대 게을러서는 안 되는 이유이자

동물에게 진심으로 최선을 다해야 하는 이유이기도 하다.

아이바오와 러바오의
판다월드 적응기

판다월드에 도착한 아이바오
와 러바오는 별도의 검역 기간을 거쳐야 했다. 검역장을 따로
설치하기 어려워 내실을 검역장으로 승인받아 이상 유무, 질
병 내역 등 예방 차원의 검역을 5일간 진행했다. 초기 안정을
위해 중국에서 함께 온 수의사는 3개월, 사육사는 5개월간 관
리에 참여하기로 했다.

이때 아이바오는 두 살 반, 러바오는 세 살 반으로 아직은
청소년 티가 남아 있는 귀여운 나이였다. 러바오는 낯선 사람
이나 환경에 두려움 없이 곧 적응했고, 아이바오는 소심한 듯
민감하게 반응하며 천천히 적응해 가는 모습이 역력했다.

그러나 모든 상황에는 장단점이 공존한다고 하지 않는가.

돌발 상황이 발생했을 때 러바오는 쉬이 적응하지 못하고 안정을 찾는 데 시간이 많이 걸리는 반면, 아이바오는 재빨리 피하고 대응하면서 상황 파악이 되면 바로 안정을 찾는 장점을 가지고 있었다.

판다들을 위해 대나무도 신중히 골랐다. 경남 하동과 계약을 체결해 들여온 대나무는 솜죽이었다. 솜죽은 리리와 밍밍이 한국에서 5년간 생활할 때 먹었던 대나무로 아이바오, 러바오도 무리 없이 먹는 걸 확인했고, 중국에서 비상식량으로 준비한 왕죽 줄기는 혹시 모를 상황에 대비해 아껴가며 식이 적응을 돕는 데 사용했다.

예상치 못한 위기도 잠시 있었다. 솜죽을 잘 먹는가 싶었는데 점차 섭취량이 감소하는 게 아닌가. 아이바오와 러바오가 대나무 변화에 예민한 반응을 보인 것이다.

결국 중국 전문가들과 국내 주요 대나무 산지를 돌다 설죽(중국에서는 한죽으로 불린다)을 추천받아 판다들에게 먹여 보았다. 다행히 아이바오와 러바오에게 기호성이 가장 좋았고, 현재까지 8년째 주식으로 자리잡고 있다.

공간 적응은 내실, 실내 놀이터, 실외 놀이터 순서로 진행했다. 처음에는 판다들이 새로운 공간에 잘 적응할지 걱정이 되어 이틀간 판다월드 내실 옆에 야전 침대를 펼쳐 판다들 옆에서 잠자리에 들었다. 저녁 시간에 대나무 간식을 챙겨 주고 불편함이 없는지 집중해 관찰했다. 늘 느끼지만 동물들과 적응하는 과정에서 함께 밤을 지새우는 것은 친밀도를 높이는 데 매우 효과적이다.

내실에서의 첫날, 러바오보다 예민한 아이바오는 긴장한 탓인지 도통 대나무를 먹지 않았다. 걱정이 한가득이었지만 아무렇지 않은 척 아이바오의 내실 옆에 누워 괜찮다고 계속 안심시켜 주었다.

"아이바오~ 괜찮아, 옆에 있을게."

아이바오도 진심으로 걱정하는 내 마음을 알아챈 것일까? 가까이 다가오더니 펜스 너머 내 손에 앞발을 갖다 대는 게 아닌가. 그러고선 이제 마음이 놓이는 듯 자리로 돌아가 대나무를 집어 들어 먹기 시작했다.

한국에 와서 판다들과 함께 밤을 보낸 이틀이라는 시간 덕분에 더욱 친해질 수 있었다. 낯선 환경에 놓였을 때 곁에서 도와주는 누군가가 있다면 얼마나 안심이 되고 고맙겠는가.

2002년 백호와 한국호랑이, 북극곰을 관리하다 유인원 사육사가 되어 그들과 친해지려 노력하던 무렵이었다. 유인원사는 오랑우탄과 침팬지, 맨드릴을 관리하는 곳이었다.

오랑우탄과 침팬지는 생김새도 인간과 비슷하고 머리도 좋다. 처음 인사를 하러 가니 텃세가 장난이 아니었다. 온몸에 털을 부풀려 세우고 벽과 바닥을 쿵쿵 치며 잔뜩 겁을 주었다. 발을 세게 구르며 손뼉을 치고 괴성을 질러대고 급기야 펜스를 흔들며 과격하게 위협적인 행동을 했다. 먹고 남은 과일 조각 등을 내게 던지고 물을 입에 한가득 머금고 달려와 푸~푸~ 하고 뿜어대기도 했다. 물총 세례를 피해 보려 했지만 적중률 100퍼센트였다. 녀석들은 자신들의 영역에 들어온 낯선 침입자(신입)에게 효과적으로 겁주는 법을 잘 알고 있었다.

이런 공격적 과시 행동을 처음 경험한 나는 심장이 쪼그라드는 것 같았다. 꽤 혹독한 신고식이었다. 선배에게 유인원과 빨리 친해지는 방법을 물었더니 함께 잠을 자란다. 맙소사! 유인원과 함께 밤을 보내라고?

반신반의했지만 일단 선배 말대로 해 보기로 했다. 아내에게 이야기를 하고 유인원관 내실 통로에 야전 침대를 펴 캠핑용 침낭에 들어가 잠을 청했다.

처음 이틀은 난리가 났었다. 퍽퍽퍽, 침낭에 뭔가가 부딪치는 소리와 괴성, 위협의 표시들이 그대로 전해졌다. 잠잠해서 지퍼를 열면 침낭 밖이 물로 흥건히 젖어 있고 주변에 그들이 던진 과일 껍질이 잔뜩 나뒹굴고 있었다.

그렇게 3일째 밤 정도가 되었을 때부터 소리가 점차 사라지더니 드디어 공격적인 행동을 멈추고 서서히 나를 그들의 사육사로 받아들여 주었다. 둘째 손가락을 펴서 내밀며 친구를 하자는 신호를 보내고, 서로 그루밍을 해 주는 단계가 되고, 2주가 지났을 때는 절친이 되었다.

특히 침팬지 갑순이라는 친구는 매일 아침 출근하면 펜스 사이로 손등에 뽀뽀를 해 주고, 복란이라는 오랑우탄은 내가 여자 사육사 가까이 있는 것조차 싫어할 정도로 친해졌다. 이후 복란이가 새끼를 낳을 때 분만실에서 이온 음료를 먹여 주며 옆에서 도움을 줄 정도로 서로를 의지하는 사이가 되었다.

사실 오랑우탄은 성인 남자 여덟 배 정도의 힘을 가졌고 야생성이 강해 가까이하기 쉽지 않은 동물이다. 특히 분만기 야생동물은 극도로 예민해 돌보기가 쉽지 않다. 새끼와 자신을 지키기 위해 매우 사나워지는데 이때 동물과 사육사의 관계가 얼마나 좋은지 알 수 있다. 지금은 수명의 막바지에 다다른 노령의 갑순이와 복란이가 그저 건강하기만을 바란다.

동물원에서의 생활이 길어질수록 기본이 되는 이론과 지식에 목마름을 느꼈다. 그래서 야간 대학의 동물학과에 입학해 못다한 공부를 시작했다.

공부를 하다 보니 동물들은 자연의 토대가 되는 식물을 떠나서는 살 수 없다는 생각에 이르렀고, 동물들의 복지를 위해 식물에 대해 좀 더 알고 싶어 조경학과에 편입했다. 그러다 동물원에서 돌보고 있는 희귀동물이나 멸종위기 동물들이 번식에 어려움을 겪고 있는 현실을 개선해 보고자 동물번식학 석사 과정도 취득했다.

2001년 2월에 결혼하고 3월부터 10여 년이나 쉬지 않고 학교를 쫓아다녔으니 결혼과 동시에 남편 만나기가 힘들었던 아내는 육아를 도맡아서 해야 했다. 어찌 보면 암컷에게 독박육아를 맡기는 수컷 판다들의 특성을 비난할 수 없는 처지가 아닌가 싶다.

한번은 이런 일도 있었다. 퇴근하고 야간 대학에서 공부를 하다 귀가한 어느 날이었다. 새벽 1시가 넘은 시간이었는데 방에서 우는 소리가 났다. 큰딸이었다. "울지 마, 아빠 여기 있어." 하며 딸을 안아 주려는데 나를 보더니 놀라 더 큰 소리로 울었다. 얼마나 아빠 얼굴을 보지 못했으면 이럴까 싶어 마음이 아팠다.

급히 육아 전문가에게 조언을 구했다. 바빠서 많은 시간을 함께하지 못하지만 적은 시간이라도 아이들의 눈높이에서 함께하는 시간이 필요하다고 했다. 고민 끝에 어린 딸들과 목욕을 함께했다. 욕실에서 함께 놀며 딸들과 가까워지는 시간을 만들었다.

좋지 않은 상황에 맞닥뜨리면 곧장 피하는 것보다 어떻게 하면 상황을 반전시킬 수 있을지를 생각해야 한다. 긍정과 부정과 기회는 언제나 친구처럼 함께 다니니 말이다.

다시 아이바오와 러바오 이야기로 돌아가자.

검역을 마치고 내실에 적응할 때까지 다행히 별다른 상황은 발생하지 않았다. 2주간 내실에서 여독을 풀고, 드디어 실내 놀이터에 나가는 날이 왔다. 역시 아이바오는 실내 놀이터에 들어서자마자 울타리를 치고 나가는가 하면 재빨리 나무 위로 피하는 등 예민한 자신의 성향을 그대로 드러냈다. 반면 러바오는 성격 좋은 동네 총각마냥 허허실실 둥글게 잘 적응하는 모습이 대견했다.

경계를 배우고, 먹이 먹는 장소와 방향을 자연스레 익히고, 올라갈 수 있는 나무를 구분하고, 나무에 올라가 편하게 쉬는 단계까지 두 판다는 순차적으로 적응했다. 나무는 내가 직접 현장을 누비며 판다에게 적당한 것으로 골라 온 효과가 있었다. 판다들이 나뭇가지에 몸을 척 걸치고 편하게 쉬는 모습을 보니 내가 더 행복했다.

판다들이 움직이는 동선을 파악하고 실내와 실외 놀이터에서 어떻게 이동하고 건너가는지, 요구사항은 어떻게 신호를 보내는지에 대해 약속이나 한 것처럼 판다들과 소통이 잘 되었다. 그렇게 아이바오와 러바오는 한국 생활에 물들어 갔다.

실내 놀이터에 처음 나온 날, 러바오(위)와 아이바오(아래)

아이바오와 러바오의 소식이 전해진 후, 많은 분들이 궁금해했다. 아이바오와 러바오가 한국어도 잘 알아듣나요? 한국어는 따로 가르쳤나요? 아니면 중국어로 소통하나요?

그러면 나는 천연덕스럽게 "아직 한국어를 몰라 중국어로 소통합니다." 하고 답하면서 중국어 몇 마디를 던진다. 그러면 두 마리 판다는 친절하게도 내 목소리에 반응해 주어 내 체면을 살려 준다.

동물들은 사육사의 말을 알아듣는다기보다는 사육사의 목소리, 음성의 높낮이와 억양, 사육사의 움직임, 옷, 냄새 등으로 구분한다. 그래서 동물들이 있는 곳에 들어갈 때는 문을 벌컥 열고 들어가지 않고, 먼저 이름을 부르고, 안부를 물어 내가 왔다는 것을 알린다. 그러면 동물들도 놀라지 않고 자연스럽게 사육사를 반긴다.

판다들이 실내 놀이터와 내실을 오가며 주변 환경과 소리에 적응하고 나면 이제 판다를 애타게 기다려 온 손님들을 만날 차례다. 손님들은 행동이나 목소리, 옷, 소지 물품, 이동수단 등이 각양각색이고 어떤 행동을 할지 예측하기 어렵기 때문에 판다들이 수많은 돌발 상황에 대비하고 적응하는 데 일주일 이상 걸렸다.

다음은 테마파크이다 보니 놀이기구 소리와 이를 이용하

는 손님들의 함성 소리에 적응하는 단계다. 중국의 춘절에 밤새 이어지는 폭죽 소리에도 적응한 아이들이지만 놀이기구 소리는 이전에 한 번도 경험하지 못한 색다른 소리다. 처음 낯선 소리를 들었을 때, 아이바오와 러바오가 실외 놀이터에 나가지 않으려 하기도 하고, 나갔다가도 빨리 내실로 들어오려 했다. 하지만 일주일 정도 지나서는 행동이 자연스러워지고 놀이기구 소리에 크게 반응을 보이지 않을 정도로 적응이 되었다.

가끔 손님들에게 판다는 소리에 민감하니 조용히 관람해 달라고 안내한다. 그럴 때면 이렇게 요란스러운 놀이기구는 괜찮은 것이냐며 불만 섞인 이야기를 하는 분들도 있다.

판다들은 새로운 환경에 일단 적응하고 나면 소리의 크기가 문제가 아니라 오히려 낙엽 구르는 소리, 풀밭을 밟는 소리, 대나무 가지가 바람에 부딪치는 소리 등 작은 소리에 더 예민하다. 천적이 접근해 오지 않을까 늘 경계하기 때문에 나타나는 자연스러운 반응이다.

판다들은 위험을 감지하면 재빨리 높은 나무 위로 올라가 상황을 주시한다. 원인을 파악하고 안심하는 단계까지 이르러서야 나무에서 내려와 다시 대나무를 먹거나 활동한다.

이제 적응은 모두 끝났다. 중국에서 이동하며 새로운 환경에 심하게 노출되고 새집에 들어와 자신들의 터전으로 받아들이고 여유를 찾기까지 한 달 반 정도가 소요되었다. 판다월드에서 아이바오, 러바오의 새 삶이 드디어 시작되었다.

2016년 3월 3일, 한국에 도착한 아이바오와 러바오는 적응을 잘 마치고, 2016년 4월 21일부터 본격적으로 오픈된 판다월드에서 제2의 판생을 시작했다.

낯선 환경에 잘 적응하고 나의 친구, 나의 가족이 되어 준 아이바오, 러바오! 정말 고맙고 감사하다.

한국 생활에 완벽 적응한 러바오

천진난만한 모습의 아이바오(왼쪽, 오른쪽 위)와 낭만 판다 러바오(오른쪽 아래)

판다들은 눈을 정말 좋아한다.
눈을 맞으며 대나무를 먹고 있는 러바오(왼쪽)와 아이바오(오른쪽)

(PART2)

나의 꿈은 판다 할아버지

국내 최초 아기 판다의
탄생을 꿈꾸다

 아이바오와 러바오가 한국에
서 생활한 지 1년이 지날 무렵, 이른 봄날이었다. 갑자기 아이
바오에게 이상 행동이 감지되었다. 식성이 좋아 '먹방 요정'으
로 불리던 녀석이 갑자기 식욕이 줄어 대나무 섭취량이 반감
되었다. 잠을 자야 할 시간에도 계속 움직였다. 움직임이 많
아지다 보니 열이 나는지 연신 물을 묻히면서도 쉬지 않고 계
속 이동했다. 여기저기 돌출되거나 표식이 될 만한 장소에 항
문낭의 취선을 이용해 마킹하는 횟수도 늘었다. 급기야 평소
소리를 잘 내지 않던 아이바오가 양 울음소리와 비슷한 단음
으로 호흡 사이사이 목소리를 높였다. 무엇이 잘못된 걸까?

사육사들은 돌보던 동물들이 평소와 다른 모습을 보일 때

가장 긴장한다. 일단 잘 먹던 동물이 먹이를 찾지 않을 때는 '어디가 아픈가? 먹이가 마음에 들지 않나?' 온갖 걱정을 하며 왜 이런 행동을 하는지 원인을 찾아 나선다.

아이바오의 갑작스러운 행동을 지켜보며 고심하다 중국에 있는 판다 기지에 연락해 자문을 구했다.

세상에! 이 모든 게 판다의 번식 행동이란다. 만 세 살이 된 아이바오에게 성 성숙기 행동이 일어난 것이다.

답변을 듣기 전보다 마음이 더 바빠졌다. 혈액 검사에 번식 호르몬 항목을 추가하고 수의사들과 협업해 소변에 함유된 호르몬을 분석했다. 번식을 위한 공간을 구성하기 위해 자료를 모으고 암컷 판다가 번식기에 하는 모든 행동을 조사하고 기록했다.

아이바오와 러바오가 한국 생활에 잘 적응하면서 판다를 보기 위해 매주 같은 요일에 방문하는 팬이 늘었다. 판다의 인기가 높아지자 어쩌면 한국에서도 아기 판다를 만날 수 있겠다는 기대에 찬 이야기도 들려왔다.

나도 판다의 번식을 위해 노력하고 있다고 방송 매체를 통해 이야기하기도 했다. 막상 아기 판다를 볼 날이 멀지 않았다는 게 현실이 되니 기대보다 긴장감에 가슴이 울렁거렸다.

가 보지 않은 길로 첫발을 내딛는 순간에는 누구나, 언제나 그럴 것이다. 설렘과 불안감을 안고서 도전하는 것이야말로 용기가 아니겠는가. 용기를 성공으로 이끄는 방법은 정보들을 토대로 면밀히 분석하고 철저히 준비하는 것이다. 누군가 그러지 않았던가. 준비를 실패하면 실패를 준비한 것이라고.

판다에게 만 세 살은 번식을 진행하기 어린 나이다. 처음으로 성 성숙기 행동이 발현된 것이기 때문에 올해는 그냥 지나가는 것이 바람직하다는 판단을 내렸다. 그러나 번식에 관한 준비를 해 둘 절호의 기회였기에 번식기에 접어들며 일어나는 행동 패턴, 신체·식이 변화, 전후 과정에 대한 정보를 빠짐없이 분석했다. 판다 번식에 성공한 나라의 기술과 관련 시설, 준비 사항들에 대한 구체적인 사례를 수집하고 관련 연수를 계획했다.

정신없이 1개월을 보내다 보니 아이바오에게 또 다른 변화가 찾아왔다. 행동이 완만해지면서 온화하던 아이바오의 모습으로 돌아왔다. 대나무를 먹는 시간이 길어지고 섭취량도 부쩍 늘었다. 평소대로 잠을 자고 마킹과 물 묻히기 행동이 대폭 감소했다. 나를 비롯해 지켜보던 관계자들도 그제야 평정심을 찾았다.

7월이 가까워지자 아이바오에게 다시 변화가 나타났다. 대나무 섭취량이 반 정도 줄었다. 수면 시간이 늘고 내실로 들어오는 행동도 느려졌다. 급기야 아침에 내실에서 놀이터로 나가는 걸 거부하고 주변 환경에 매우 예민한 반응을 보였다. 이는 분만기로 접어드는 암컷 판다의 징후다.

암컷 판다는 발정기에 수컷을 만나 짝짓기를 하지 않아도 임신과 거의 비슷한 변화를 보인다. 짝짓기를 하지 않은 경우는 안심할 수 있지만 짝짓기를 했다면 임신과 위임신을 구분하기가 매우 어렵다. 호르몬 변화나 행동 패턴이 거의 유사해 관찰이나 생체리듬 분석으로도 구분하기 힘들다. 따라서 아이바오에게 2017년 봄에 나타난 행동은 성 성숙으로 가는 발정기 행동이었고, 7월의 변화는 분만기로 가는 위임신 증상이었다.

2017년의 경험은 국내 최초 아기 판다의 탄생이라는 목표를 좀 더 단단히 다지는 계기가 되었다. '판다 아빠'에서 '판다 할부지'가 되고 싶은 마음도 간절했지만 무엇보다 아기 판다가 태어나 많은 사람들에게 행복을 선물해 줬으면 하는 바람이 무척 컸다. 그리고 어쩌면 살아온 인생의 반 이상을 동물원에서 지내온 사육사로서 마지막 목표가 되지 않을까 생각했다.

2018년, 아이바오의 체중은 120킬로그램, 러바오는 125킬로그램 정도로 어엿한 어른 판다가 되었다. 판다들이 성 성숙이 되었다고 판단하는 기준은 암컷은 4~5세, 수컷은 5세 정도로, 이제 번식이 가능한 연령에 이른 것이다.

3월의 이른 봄, 아이바오에게서 번식기 반응이 나타나기 시작했다. 러바오도 과시 행동을 하고 곳곳에 마킹하는 횟수가 늘고, 아이바오와 마찬가지로 먹는 양과 잠이 줄고 활동량이 많아졌다. 2017년에 학습하고 준비했던 과정을 떠올리며 호르몬과 행동 분석을 통해 아이바오와 러바오가 만날 날을 조율했다.

판다의 가임기는 1년에 2~3일에 불과하다. 다른 동물들의 경우 가임기가 지나고 일정 기간이 되면 다시 배란이 일어나지만 판다의 배란은 1년에 단 한 번뿐이다. 게다가 평소에 철저하게 단독 생활을 하다 짝짓기 기간에만 만나니 짝짓기를 성공하기가 쉽지 않다. 해외에 나와 있는 판다들의 경우, 거의 암수 한 쌍만 있기 때문에 궁합이 맞아 짝짓기에 성공하기가 그만큼 더 어렵다.

어렵사리 짝짓기에 성공해도 암컷 판다가 불안감으로 스트레스를 받으면 수정이 되지 않거나 수정이 되어도 수정란이 자궁에 착상하지 못하고 소실되기도 한다. 게다가 수정란이 자궁 내에 착상하기까지 기간이 제각각이라 임신 기간도 일정치 않다. 일반 동물의 경우, 임신 기간의 차이가 그리 크지 않지만 판다는 수정란이 자궁 내에 자리잡는 착상 기간이 일정치 않은 '착상지연'이라는 현상이 있기 때문에 임신 기간이 50~60일까지 차이가 매우 크다. 그래서 임신 여부를 판단하기가 굉장히 어렵다. 판다의 번식 특성이 이러하니 아이바오와 러바오의 자연 번식으로 푸바오가 태어난 것은 정말 기적이다.

아이바오와 러바오가 만날 날을 세심하게 체크한 결과, 드디어 날짜가 정해졌다. 짝짓기 시기가 가까워지면 수컷은 단음의 양 울음소리를 내며 암컷에게 접근한다. 이때 암컷은 개가 크게 짖는 것처럼 위협적인 소리를 내며 수컷의 접근을 막는다.

번식 호르몬이 최고치에 이르고 수컷을 만나야 하는 시기가 되면 암컷의 울음소리가 장음의 양 울음소리로 바뀌며 엉덩이를 수컷 쪽으로 향하고 들이밀며 꼬리를 들어 주는 행동이 나타난다. 드디어 암컷이 수컷에게 곁을 내주겠다는 의미의 소리다.

이렇게 판다의 사랑은 이루어진다. 하지만 그해 아이바오와 러바오는 방법을 찾지 못했다. 처음 성년이 되어 이성 친구를 만나는 판다들에게 흔히 나타나는 과정이다. 서로 경험이 없고 학습할 기회도 없었기 때문에 판다들에게 짝짓기 과정은 쉽지 않다.

무던히도 애쓰던 러바오는 아이바오에게 에너지와 고백만
보내고 성공하지는 못했다. 아쉽지만 서로를 원했고 만났을
때 공격성이 나타나지 않았다는 것만으로도 성공적인 만남이
었다는 생각이 든다. 아이바오와 러바오에게도 사육사들에게
도 좋은 공부가 된 것이다.

2018년 역시 아이바오는 위임신으로 힘겹게 여름을 보냈
다. 아쉬움이 남았지만 다음 해에 도우미 역할을 잘 해내기
위해 더 노력하겠다고 다짐했다.

판다는 알면 알수록

양파와 같다는 생각이 든다.

수많은 종의 동물과 함께해 왔지만

판다처럼 특이한 특성이 많은 동물은 없었던 것 같다.

아기 판다 탄생을 위한
완벽한 준비

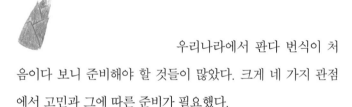

우리나라에서 판다 번식이 처음이다 보니 준비해야 할 것들이 많았다. 크게 네 가지 관점에서 고민과 그에 따른 준비가 필요했다.

짝짓기를 성공할 수 있을까?

안정적으로 임신이 될까?

분만 후 아기 판다의 육아를 잘할 수 있을까?

아기 판다가 잘 자라서 무사히 독립할 수 있을까?

2017년 러바오와 아이바오에게 처음으로 성 성숙 행동이 나타났고, 2020년에 아이바오가 성공적으로 분만할 때까지는 번식 기술을 축적하는 시기였다. 판다월드의 사육사들은 중국 현지 연수를 통해 발정기 판다의 관리 방법과 독립생활을 하던 두 판다의 관계를 개선하는 기술을 배웠다. 아이바오와 러바오에게도 성공적인 짝짓기를 위한 다양한 학습과 운동을 진행했다.

먼저 발정기가 시작되기 전에 두 판다가 머무는 공간을 바꿔 서로를 탐색할 시간을 갖게 했다. 상대의 방을 방문해 이성을 알게 하고 호감을 갖게 하기 위해서다.

아이바오와 러바오는 방을 바꿔 주자 서로에게 편지를 남기듯 새로운 환경 이곳저곳에 마킹을 하면서 영역을 표시하고 흔적을 남겼다. 판다는 후각이 뛰어나기 때문에 각자 자신의 공간으로 돌아왔을 때 서로의 마킹 흔적에 담겨 있는 정보를 통해 자연스럽게 상대를 인식하고 변화를 감지했다.

체력 관리를 위해 아이바오와 러바오에게 운동도 시켰다. 특히 다리 근육이 탄탄해지도록 판다들의 특성과 좋아하는 간식을 이용해 몸을 세운 상태에서 앉았다 일어서기를 매일 반복하게 했다.

짝짓기 성공 후, 임신을 잘 유지하기 위한 방법도 고심했다. 앞에서 설명했듯 판다는 수정란이 자궁에 바로 착상하지 않고 몇 주간이나 지연되어 임신을 진단하기가 무척 어렵다.

심지어 임신, 비임신 증상과 호르몬 변화가 거의 일치해 분만 직전까지도 임신 여부를 명확히 알아내기 힘들다(푸바오의 경우, 초음파 검사로 분만 3주 전에야 임신을 확인할 수 있었다). 이러한 상황을 극복하기 위해 짝짓기 성공 후 최대한 안정기를 유지하고 임신 관련 영양제를 투약하며 지켜봐야 한다.

안정기 이후에는 임신 진단을 위해 아이바오에게 매일 눕기 자세 훈련과 복부 초음파 훈련을 진행했다. 깨끗한 소변을 채취해 번식 호르몬 변화도 분석했다. 사육사들과 수의사들은 매주 회의를 통해 상황을 공유하고 문제점을 해결하고 방향을 재조정했다.

아기 판다가 태어난 후 잘 성장하도록 도와주기 위한 준비도 만만치 않았다. 먼저 아이바오가 안정적으로 분만할 수 있는 편한 자리가 필요하다. 그러려면 사육사가 판다에게 스트레스를 주지 않고 상황을 잘 관찰할 수 있는 분만실과 분만 틀이 있어야 했다.

그리고 출산 후 아기 판다의 상황을 알 수 있으려면 엄마 판다의 복부와 가슴 촉진이 가능해야 한다. 이를 위해서는 무엇보다 판다와 사육사 간의 깊은 유대감을 위한 관계 형성이 중요하다. 필요한 경우, 아기 판다를 직접 만져 상태를 판단하거나 포유에 도움을 줄 수 있어야 하고, 검진을 위해 엄마 판다에게서 분리해 낼 수 있어야 한다. 이 모든 과정을 원활하게 진행할 수 있도록 판다 번식에 성공한 나라들의 사례를 조사하고 당시 사용한 분만 틀과 분만 박스에 대해서도 연구했다.

2018년에는 삼나무로 만든 나무박스를 제작해 적응 훈련을 했는데, 아이바오가 강한 발톱과 날카로운 송곳니를 이용해 나무박스를 모두 해체해 버렸다. 게다가 판다가 분만을 위해 박스 안에 있으면 문제가 생겼을 때 사육사가 들어가거나 빠른 조치가 불가능해, 결국 나무박스는 부적절하다는 판단이 들었다. 고심 끝에 해외 동물원에 사육사의 안전과 판다의 육아를 돕는 데 효율적인 분만 틀이 있어 이를 벤치마킹해 제작했다.

분만 틀은 판다가 벽에 등을 기대는 습성을 고려해 엄마 판다가 어디에 앉더라도 펜스를 즉시 분해하고 조립할 수 있도록 제작했다. 펜스 사이로 사육사가 손을 넣어 엄마 판다의 겨드랑이 사이로 가슴과 복부, 옆구리 등 어디라도 만질 수 있도록 아이바오에게 스킨십을 통한 촉진 훈련을 매일 했다.

이런 과정을 통해 사육사가 엄마 판다와 함께 안전하게 아기 판다를 돌볼 수 있는 환경을 만들었다. 아이바오와 훈련을 거듭하며 교감했고, 그렇게 쌓인 유대관계는 점차 서로에 대한 믿음으로 발전했다. 다행히 분만 후 아이바오 품에 있는 아기 판다의 상태를 촉감으로 진단하거나 완전히 분리해 건강 검진을 진행할 수 있었다. 어느 순간에는 아이바오가 스스로 몸을 돌려 아기를 보여 주는 듯한 행동을 하기도 했다.

또 다른 준비는 분만 후 엄마 판다의 건강 회복과 안정적인 포유를 위한 식재료 준비였다.

야생에서 판다들이 가장 풍부한 영양을 얻는 식재료는 죽순이다. 죽순은 대나무의 땅속줄기 마디에서 자라는데 한 달여 만에 평생 자랄 키를 성장시킬 만큼 풍부한 영양분을 가지고 있다. 또한 살이 매우 부드럽고 즙도 풍부해 사람들도 죽순을 식재료로 활용한다. 그러나 우리나라에서는 봄에만 죽순이 자라기 때문에 판다의 분만기인 여름에는 죽순을 먹이기 어려웠다.

처음에는 가공을 거쳐 시판되고 있는 죽순 제품을 모두 구입해 판다들에게 시식 테스트를 했다. 하지만 판다들은 워낙 후각이 예민해 가공된 죽순은 먹지 않았다. 고민하다 봄에 죽순을 채취해 분만기까지 보관하면 어떨까 하는 생각이 들어 바로 실험을 진행했다.

먼저 죽순을 냉장고에 보관했다. 일주일도 되지 않아 부패하기 시작해 색이 변했다. 다음은 냉동 보관 후 해동해 보았다. 자연 해동했더니 죽순이 흐물흐물해지고 식감이 떨어졌

바오 가족을 위해 매년 6월, 직접 죽순을 손질해 얼려 둔다.

다. 해동 방법이 문제인가 싶어 흐르는 물, 자연 노출, 냉장 해동 등 여러 방법을 총동원해 실험해 봤지만 판다들은 입도 대지 않았다. 효과적인 방법을 수소문한 끝에 영하 80도에서 급속 냉동하는 초저온 냉동고를 활용해 보기로 했다.

드디어 방법을 찾았다 생각했는데 이번에는 생죽순을 구하는 일이 문제였다. 여러 실험을 하며 고심하다 보니 어느덧 초여름이 되어 있었다. 죽순 성장의 끝자락이라 대부분 고라니와 멧돼지가 먹어 치웠거나 이미 대나무로 성장해 버려 생죽순을 구하기 어려웠다. 결국 직접 대나무가 있는 산을 샅샅이 탐색해 남아 있는 죽순을 겨우 구했다.

간절한 마음으로 죽순을 초저온 냉동고에서 냉동한 후 한 달여를 일반 냉동고에 보관했다. 한여름의 어느 날, 보관해 두었던 죽순을 흐르는 물에 해동해 아이바오에게 주었다.

맙소사! 잘 먹는다. 처음에는 간을 보듯 조심스레 냄새를 맡더니 맛있게 먹었다. 감동이다! 맛있게 먹어 주는 아이바오도, 노력해서 방법을 찾은 나에게도 고마웠다. 아이바오와 러바오의 사랑의 결실인 아기 판다가 태어나는 여름까지 죽순을 충분히 준비해 줄 수 있다는 기대감에 정말 뿌듯했다.

분만 후 아기 판다를 돌볼 때 필요한 인큐베이터도 두 대 준비했다. 처음 출산하는 아이바오가 아기 판다를 잘 키워 주

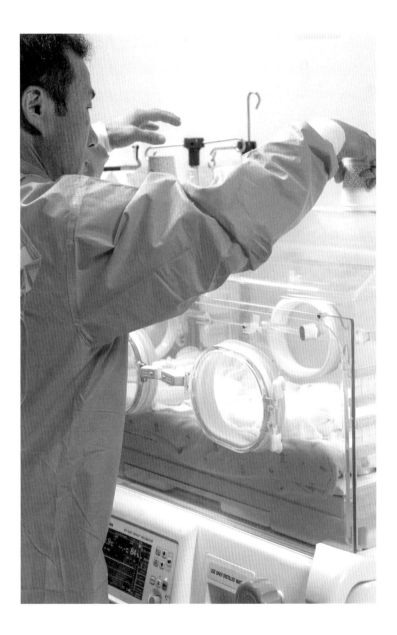

면 좋겠지만 예측하지 못한 상황이 생기면 즉시 대응하기 위해 인큐베이터를 두 대 가동했다. 신생아 판다에게 맞는 환경을 설정하고 시뮬레이션하며 소독을 하고 온도, 습도 모두 최상의 상태로 유지할 수 있도록 준비했다.

그리고 인공 포유를 할 경우를 대비해 아기 판다의 가슴받이용 메밀 베개도 필요했다. 시장의 식재료 상점에서 메밀을 구입해 왔는데 볶은 메밀이 아닌 생메밀이 필요했다. 생메밀은 통기성이 좋고 메밀 특유의 찬 성분이 있어 아기 베개로 제격이다. 여러 한약방을 돌아다니며 겨우 가공되지 않은 메밀을 구할 수 있었다. 아기 판다의 크기에 맞춰 만들어야 하니 무명천으로 직접 바느질해 베개를 만들었다.

판다의 육아를 준비하는 동안 다시 많은 것을 배우고 노하우를 쌓을 수 있었다. 챙기고 준비해야 할 것들이 많아지면서 사육사가 해야 할 일도 늘었다. 하지만 나는 힘들 때마다 이렇게 되뇌곤 했다.

'준비하는 데 나의 노력이 더해질 때마다 판다 번식의 성공 확률도 높아질 것이다. 억지로 되는 일도 없지만 그냥 되는 일도 없으니까.'

아이바오와 러바오,
사랑을 나누다

2019년이 시작되고 중국의 판다 기지로 10일간 연수를 다녀왔다. 발정기에 사육사가 어떻게 도움을 주어야 하는지, 임신기에는 어떻게 관리해야 하는지, 분만기 관리와 아기 판다의 육아는 어떻게 해야 하는지를 재차 학습하기 위해서였다. 만반의 준비를 하고 봄을 기다렸다.

그런데 어찌된 일인지 5월이 지나도록 아이바오에게서 번식 관련 행동이 나타나지 않았다. 2018년을 첫 번째 시도로 2019년을 판다 번식의 원년으로 삼겠다던 목표가 희미해져 갔다. 주위에서도 아기 판다에 대한 기대가 커지고 있던 때라 더욱 낙담했다. 다들 드러내고 말은 하지 않았지만 사람들을 마주칠 때마다 내게 어떻게 된 일이냐고 묻는 듯했다. 사람들은 어쩌면 나를 위로하고 다시 도전해 보자는 에너지를 전달하고 있었을지도 모르겠다. 하지만 당시 나는 항상 긴장, 초조, 불안, 근심 등 온갖 부정적 감각들에 사로잡혀 모든 게 부담스러웠다. 사람들을 만나 대화하는 것도 힘들 정도였다.

그래도 무언가를 해야만 했다. 하고자 하는 일에는 방법이 보이고 하기 싫은 일에는 변명이 생긴다고 했다. 1년에 한 번씩 나타났던 발정기 행동이 왜 나타나지 않았을까? 그동안 조사하고 기록해 둔 모든 정보를 재분석하고, 전문가들과 소통하면서 사육 환경의 전체적인 부분을 점검하고 개선하며 다음 해를 차근차근 준비했다.

"만약 뉴스에 한국에서 판다 번식에 성공했다는 내용이 나오면 강철원 사육사가 사고를 쳤구나, 라고 생각해 주세요!"

2018년에 우연히 출연한 모 방송에서 내가 한 말이다. 이 말이 나에게는 다시 힘을 내는 데 큰 도움이 되었다. 동물 관련 프로그램에 출연해서도 판다의 번식을 준비하고 있고, 곧 한국에서 아기 판다를 볼 수 있을 거라고 말하기도 했다. 나의 목표이자 나와의 약속이지만 많은 사람들에게 이야기하며 이뤄낼 수 있다고 스스로에게 용기를 주었다. 그래서 꿈이나 목표, 비전은 꼭 적어서 잘 보이는 곳에 두고 많은 사람들과 나누라고 하는 모양이다.

2020년으로 해가 바뀔 즈음, 번식을 위한 모든 준비와 재점검을 마쳤다. 그런데 이번에는 코로나19 바이러스가 전 세계적으로 확산되어 이른 봄 중국에서 전문가가 와서 도움을 주기로 했던 일정이 취소되었다. 불안한 상황이었지만 3월 첫 주가 지나며 다행히 아이바오에게 하나둘 번식기 행동이 발현되었다. 수의사들은 호르몬 분석에 집중하고, 사육사들은 아이바오와 러바오의 행동을 세심하게 관찰하고 기록하며 짝짓기 날짜를 조율했다.

짝짓기 시간을 결정할 때 가장 정확한 방법은 호르몬 분석이다. 하지만 분석하는 데만 4~5시간이 소요되다 보니 자칫 적정한 시기를 놓칠 수도 있다. 그래서 사육사가 직접 판다들의 행동을 지켜보며 분석하는 일 또한 아주 중요하다.

아이바오가 다가오는 러바오에게 공격적으로 짖다 시간이 지나며 점차 유순한 양 울음소리를 내면서 엉덩이를 러바오 방향으로 들이밀고 꼬리를 치켜세우는 순간, 내 심장이 요동치기 시작했다.

"지금이다!"

아이바오 방으로 러바오가 건너올 수 있도록 문을 열었다. 그런데 역시 2년 전 서로 방법을 찾지 못하던 단계에서 진전

없이 둘 다 지쳐갔다. 결국 한두 시간 간격으로 다섯 번째 시도에도 성공하지 못하자 이제 더 이상은 무리라는 의견이 나오기 시작했다. 나는 위챗을 통해 잘 알고 지내던 판다 전문가에게 현재 상황을 알리고 조언을 구했다. 곧바로 답이 왔다. '크게 걱정할 만한 상황이 아니다. 바로 다시 시도해 보자'라고.

한 번만 더 시도해 보자고 결정하고 여섯 번째 만났을 때, 러바오는 드디어 방법을 찾았다! 아이바오를 끌어안아 들어 올리는 데 성공한 것이다.

판다들의 짝짓기 자세는 특이하다. 시작하는 자세는 일반 포유동물과 비슷하지만 성공 후에는 암컷을 끌어안아서 눕는 동시에 복부 위에 올리고 꼼짝 못 하게 고정한다. 이렇게 짝짓기 과정이 끝나고 나면 암컷은 순간적으로 수컷의 배 위를 튕기듯 벗어나 공격적으로 돌변한다. 사육사는 이 과정에서 싸움이 커지지 않도록 재빨리 판다들을 분리해야 한다.

이틀간 아이바오와 러바오는 아홉 번 짝짓기를 시도했고 그중 세 번을 성공했다.

그동안의 일들이 스쳐 지나갔다. 첫 판다들을 돌려보내고 쓸쓸했던 경험, 다시 두 판다를 만나러 갔을 때의 설렘, 두 번의 번식 실패로 좌절했던 순간도, 괴로워하며 방법을 찾던 순간도 생각났다. 한마음으로 응원하며 지켜보던 많은 사람들은 감격에 겨워 얼싸안으며 축하해 주었다. 어쩌면 이 순간이 아기 판다가 태어나던 순간보다 더 감격스러웠는지도 모르겠다. 정말 잊지 못할 순간이다.

끊임없이 무언가를 선택하는 용기는 한두 번 실패를 맛보게 할지라도 결국 우리를 성공으로 이끄는 열쇠라는 확신이 들었다. 스스로 실패라는 선을 그어 버리지 않는다면 말이다.

○ 약 4개월 후, 판다월드의 모든 사람들은
아기 판다의 탄생을 지켜보고 있었다.
나는 아이바오가 진통을 시작할 때부터
함께 긴장통을 겪고 있었다.

아이바오,
엄마가 되다

2020년 7월 20일 21시 49분, 우렁찬 아기 판다의 목소리가 분만실에 울려 퍼졌다.

우와~앙, 우와~앙, 우와~아~

1만 볼트의 전류가 몸 안에 들어오면 이런 짜릿한 기분일까? 첫 호흡을 뗀 아기 판다의 울음소리는 긴장으로 억눌린 내 가슴을 뻥 뚫어 주는 듯했다. 함께 마음을 졸이며 지켜본 사육사와 수의사, 관계자 들은 기쁨의 탄성과 함께 눈물을 훔치기도 했다.

동물원에 근무하며 많은 동물들이 탄생하는 모습을 지켜

보았다. 모든 탄생의 순간이 감동적이었지만 이렇게 긴장하거나 감정에 휩쓸리지는 않았던 것 같다. 우리나라의 첫 아기 판다의 탄생은 그만큼 강렬하고 신선한 충격이었다. 전혀 판다스럽지 않은, 분홍빛의 작은 아기 판다에게서 1분 1초도 눈을 뗄 수 없었다. 판다 모녀와 뜬눈으로 꼬박 밤을 지새웠다.

다음 날 아침, 아기 판다는 근심과 걱정이 가득한 눈으로 지켜보던 내게 힘찬 몸짓과 울음소리로 화답해 주었다.

성별: 공주

체중: 197g

몸길이: 16.5cm

특이사항: 한국에서 자연 번식으로 태어난 최초의 아기 판다

아기 판다는 엄마 판다보다 약 600배 이상 작은 미숙아로 태어났다. 그나마 판다계에서는 우량하게 태어난 편이다. 보통 150그램을 살짝 넘기는 아기 판다의 몸무게에 비하면 말이다. 어찌나 작은지 아기 판다의 몸길이는 내 손바닥을 다 채우지 못했다. 하지만 조그만 아기 판다는 단단하고 힘이 넘쳤다.

아이바오 품에서 아기 판다를 꺼내 육아실로 옮겼다. 성공적 육아를 위해 아기 판다의 기본적인 건강 검진을 진행했

다. 신체 전반적으로 이상은 없는지, 탄력은 좋은지, 신체 각 부위별로 크기는 적당한지, 성별은 어떻게 되는지 등 약 20분 정도 인큐베이터 안에서 검진을 받았다.

엄마 판다에게서 아기 판다를 분리하기 전에 미리 육아용 이동박스에 40도의 온수 팩을 바닥에 넣고 수건을 올려 준비했다. 아기 판다가 품을 떠나자 아이바오는 눈이 둥그레지며 허둥지둥 아기를 찾았다. 아기 판다의 울음소리에 불안한듯 눈동자가 떨렸다. 아이바오의 모성애가 얼마나 강한지를 느낄 수 있는 모습이다. 처음 3~4일 정도는 아기와 분리될 때 이렇게 불안해했다. 하지만 점차 안전하게 아기가 돌아온다는 것을 인지하고, 사육사가 아기를 잠시 데리고 간 동안 맛난 것을 먹고 쉴 수 있다는 것을 깨우치는 데는 그리 오랜 시간이 필요하지 않았다.

판다는 '멸종위기종'이었다. 2022년이 되어서야 '멸종취약종'으로 등급을 한 단계 낮췄다. 그만큼 판다를 보호하기 위해 많은 연구 활동이 이루어지고 있고 번식에 대한 기술력이 발전하면서 개체 수가 조금씩 늘었다. 나는 판다를 내 나라에서 볼 수 있다는 것, 그리고 판다의 자연 번식에 성공했다는 사실에 뿌듯함과 자부심을 느꼈다.

번식 기술의 발전은 판다의 신생아기 성장에도 큰 영향을 미친다. 갓 태어난 다른 포유류 아기 동물들에 비해 연약한 미숙아로 태어나는 판다는 생후 한 달 전 생존율이 매우 취약하다. 그래서 매일 건강 검진을 해서 성장 과정을 면밀히 체크하고 이상 유무를 파악한다.

갓 태어난 판다는 흰 털이 듬성듬성 나 있으며 온몸이 핑크색으로 된 설치류 같은 느낌이다. 엄마 판다는 아기가 태어나자마자 바로 핥아서 기도를 확보해 주고 입으로 들어올려서 품에 안아야 한다. 바로 안아 주지 않으면 저체온증으로 위험하다. 만약 엄마 판다가 아기를 안지 못하면 사육사는 즉시 아기 판다를 엄마 판다에게서 분리해 수건으로 기도를 확보해 주고 사전에 준비한 인큐베이터에 넣어 관리한다.

신기하게도 아이바오는 분만 후 능숙한 엄마처럼 행동했다. 누구도 알려 주지 않았는데 아기가 태어나자마자 재빨리 핥아 주더니 물어서 품에 안으려고 했다. 이때 아기 판다 몸에는 양수가 묻어 있어 굉장히 미끄럽다. 그래서 아이바오는 아기를 물어 올리려다 두 번이나 놓치기도 했다.

아이바오는 조심스럽게 아기를 물고 바닥에 앉으며 아기를 팔로 받쳐 감싸듯 가슴과 겨드랑이 사이에 순간적으로 숨겼다. 마치 병원 분만실에서 갓 태어난 아기를 허우적거리지 않도록 싸개에 꽁꽁 싸매는 것처럼. 아이바오는 아기를 안고 나서야 안심이 되는 듯 거친 숨을 몰아쉬었다. 아이바오는 그렇게 엄마가 되었다.

정말 신기하게도 아기 판다의 우렁찬 울음소리는 엄마 품에 안기는 순간 뚝 하고 멈추었다. 갓 태어난 신생아 판다의 울음소리는 엄마 판다를 자극시킨다. 미숙아로 태어나 어미의 도움 없이는 버틸 수 없기에 빨리 자신을 보호해 달라는, 어미를 향한 신호다. 마침내 어미의 따뜻한 품에 안기는 순간, 그제야 안정을 찾는다.

혹시 모를 상황에 대비해 인큐베이터를 켜고 기다리던 사육사와 수의사 들은 한고비를 넘긴 듯 가슴을 쓸어내렸다. 엄마 판다가 연약한 아기 판다를 물어 올릴 때는 매우 불안해 보인다. 혹시나 날카로운 송곳니로 아기 몸에 상처를 내지 않을까 염려스럽지만 신기하게도 아기가 다치지 않도록 송곳니 안쪽으로 안전하게 물어서 들어올린다.

갓 태어난 아기 판다는 혼자서 할 수 있는 것이 아무것도 없다. 눈도 뜨지 않았고 기어다닐 수도, 스스로 체온 조절도 할 수 없다. 그래서 엄마 판다는 생후 한 달 동안 새끼를 절대 바닥에 내려놓지 않는다.

아기 판다가 정상적으로 태어나도 사육사는 긴장을 늦출

수 없다. 이제 엄마 판다가 아기에게 젖을 물리는지가 다음 고비다. 아이바오는 아기가 젖을 먹을 수 있도록 계속 위치를 잡아 주었지만 아기는 쉽사리 엄마의 유두를 물지 못했다. 새벽에서야 아기 판다가 쪼옥쪼옥 초유를 빨아내는 소리가 들렸다.

아이바오는 아기가 배가 고프다고 보채고 울면 즉시 반응하며 잘 대처했다. 이런 육아 능력이 자연적으로 생긴다는 게 그저 경이로울 뿐이다. 정말 아이바오는 대견하고 훌륭한 판다라는 것을 매 순간 느낀다.

아기 판다가 태어난 다음 날 아침, 우리나라 최초의 아기 판다가 탄생했다는 뜨끈뜨끈한 소식이 널리 알려졌다.

나는 이제 진짜 판다 할부지가 되었다. 아이바오와 함께 육아를 하며 긴장의 끈은 수축과 이완을 반복할 테지만 다음, 다음, 또 다음 다가오는 고비들을 판다들과 함께 힘차게 넘어갈 것이다.

판생 2일 차, 푸바오

푸바오를 가슴에 안고 거친 숨을 몰아쉬는 아이바오

나도 판다 할부지는
처음이라서

처음 아기 판다의 울음소리가
터져 나왔던 분만실에서 수의사들은 1개월, 사육사들은 3개
월을 함께 지내며 거의 24시간 자리를 지켰다. 동물들과 함께
밤을 지새운 가장 긴 시간이다. 판다 모녀 옆에서 이토록 세
심하게 관찰하면서 대처하는 이유는 여러 가지가 있다.

첫째, 엄마 판다가 아기 판다를 몸에서 떨어트려 놓는지를
확인한다. 아기 판다는 생후 한 달간은 체온 조절 등 생체리
듬 조절을 스스로 하지 못한다. 만약 분만 후 엄마 판다가 아
기 판다를 품에 안지 않거나 내려놓는 행동을 자주 한다면 아
기 판다의 생존을 장담할 수 없다.

둘째, 포유 상태를 확인한다. 아기 판다가 젖을 제대로 먹지 못하는 경우, 즉시 인큐베이터로 옮겨 인공 포유를 한다. 사실 육안으로 아기 판다의 상태를 관찰하는 게 쉽지 않다. 엄마 판다의 팔에 가려 잘 보이지 않기 때문이다.

사육사는 엄마 판다의 가슴 속에 손을 넣어 아기의 탄력과 배의 꼴을 만져서 만복과 공복을 확인한다. 이때 아기 판다가 젖을 빠는 소리와 울음소리, 잠자는 호흡소리를 듣고 종합적으로 판단해야 한다. 아기 판다는 젖을 잘 먹지 못하면 젖을 찾느라 뒤척이면서 배가 고프다고 보챈다. 실제로 푸바오는 젖을 잘 먹지 못해 체중이 감소해 생후 14일경부터 인큐베이터에서 인공 포유를 병행했다.

셋째, 엄마 판다가 새끼를 떨어트려 재우기 시작하는 생후 한 달 정도부터 엄마 판다가 뒤척이거나 돌아누울 때 아기가 깔리지 않는지 주의 깊게 관찰한다. 197그램의 미숙아로 태어난 아기 판다가 120킬로그램이 넘는 엄마 판다 몸에 깔리면 위험한 상황이 생길 수 있다. 특히 엄마 판다 등 가까이에서 자는 아기 판다가 관찰될 때가 있다. 이때는 아기 판다를 이동시키거나 엄마 판다를 조심스레 깨워 아기의 위치를 알리고 주의를 준다. 육아에 지친 엄마 판다가 깊이 잠들면 아기의 위치를 놓치는 경우가 있기 때문이다.

그리고 종합적인 건강 검진을 매일 실시한다. 하루에 한 번씩 엄마 판다가 포유를 끝내는 오후 시간에 아기를 분리해 육아실 인큐베이터에서 체중과 체위 각 부분을 측정해 기록하고 건강 이상 유무를 관찰한다.

엄마 판다에게서 아기를 데려오는 일은 매우 조심스러운 과정이다. 엄마 판다도 사육사도 긴장하기 때문이다. 하지만 초기에 불안감을 잘 극복하고 서로를 믿게 되면 엄마 판다도 자연스럽게 휴식하고 충분히 먹는 시간으로 인식하고 자유시간을 허락한다.

판다는 외모가 귀엽고 사랑스러운 행동을 많이 하지만 강한 발톱과 이빨을 가진 맹수다. 분만할 때나 새끼를 돌볼 때 더욱 예민하고 사나워지는 야생동물의 특징을 생각해 보면 가까이서 육아를 돕고 관리하는 게 쉽지 않다. 어떻게 매일 엄마 판다 품속에 있는 아기 판다를 데려올 수 있을까?

분만 전 훈련 과정이 필요한 이유가 여기에 있다. 엄마 판다에게서 아기 판다를 분리할 때는 스테인리스 볼을 이용한다. 먼저 그릇 안쪽에 꿀을 두른다. 꿀은 에너지 소모가 심한 엄마 판다의 원기 회복에 도움이 된다. 이 그릇을 펜스 사이로 넣어 주면 엄마 판다는 그릇을 잡고 꿀을 핥아 먹는다. 그동안 엄마 판다 품에 손을 넣어 아기 판다를 데리고 나온다. 엄마 판다가 꿀을 먹는다고 둔해지거나 먹이에 집착하느라 육아를 등한시한다고 생각하면 오산이다. 사육사와의 진한 교감과 유대를 기반으로 아기를 데리고 가는 걸 알면서도 허락하는 것이다.

이렇게 데리고 나온 아기는 엄마 품과 유사한 온도로 데워둔 이동박스를 활용해 육아실 인큐베이터로 데려온다. 검진하는 동안 엄마 판다에게는 신선한 대나무를 충분히 갖다준다. 엄마 판다는 참았던 배변 활동을 시원스레 진행하고 대나무를 먹는다.

엄마 판다가 있는 분만실과 아기 판다가 건강 검진을 하는 인큐베이터실은 일정 거리를 두어야 한다. 두 공간이 가까이에 있을 경우, 엄마 판다에게 아기 판다가 보이고 소리가 들리면 오히려 서로에게 더욱 불안한 상황이 되기 때문이다.

엄마 판다를 보살피는 일은 굉장히 중요하다. 아기 판다의 건강은 엄마 판다를 어떻게 관리하느냐에 달려 있다. 빨리 엄마 판다의 건강을 회복하고 젖이 잘 돌게 해야 한다.

식육목의 경우, 육아 시기에 스트레스를 심하게 받으면 어미가 육아를 포기하고 자신의 안전을 챙기는 걸 우선하는 경우가 있다. '카니발리즘cannibalism'이라고 해서 육아를 포기하는 데 그치지 않고 새끼를 해치거나 죽이는 경우도 있다.

아이바오는 출산 후 3일간 물도 먹이도 먹지 않고 화장실도 가지 않았다. 미숙한 신생아에게 가장 위험하고 예민한 시기이기에 분만 후유증이 심한 자신보다 아기를 챙겼다. 맛있는 것을 입에 넣어 주고 물을 떠서 바로 먹을 수 있도록 갖다 주어도 아이바오는 거들떠보지 않고 아기에게만 집중했다.

아기 판다가 태어난 지 3일 차 되는 날, 아이바오가 드디어 일어났다. 애써 두 팔을 조심스럽게 움직이며 가슴 속 요람에서 손목 쪽으로 아기를 끌어내더니 송곳니 안쪽으로 물어 들어올리며 천천히 일어서는 아이바오의 모습은 낯섦과 놀라움의 연속이었다. 불면 날아갈까 움직이면 다칠까 몹시 걱정하듯 움직인다.

문제는 출산 후 한 번도 일어서지 않아 굳은 몸이었다. 아이바오는 제대로 펴지지 않는 사지를 펴며 엉거주춤 몸을 세워 활처럼 기지개를 펴듯 준비하더니 분만실 맨 아래쪽으로 이동했다. 분만실 바닥은 위생을 고려해 위에서 아래로 살짝 경사가 있다. 아이바오가 본능적으로 아기에게 이물이나 소변이 묻지 않도록, 산실이 더러워지지 않도록 위생을 생각하고 있는 것이다.

그렇게 아이바오는 농축된 진한 황색 소변과 대변을 눴다. 평소 채식 후 5시간 만에 배설하는 판다의 생체리듬을 고려해 보면 아기를 위해 얼마나 참았는지를 알 수 있다. 그뿐인가, 분만 후 물 한 모금 먹지 않았으니 오로지 모성애의 정신력으로 버틴 것이다. 그러면서도 엄마의 입에 안겨 이동하는 것이 불편하다고 찡얼거리는 아기 판다에게 미안해하는 듯했다.

육아 경험이 없는 아이바오는 새끼를 어찌 다루어야 할지 매우 조심스러웠다. 천천히 아기를 다루는 데 익숙해지고 나서야 먹이를 받아들였다. 단, 먹이가 있는 곳으로 이동하지 않고 아기를 안은 채로 사육사가 입에 대어 주는 먹이를 먹었다.

아이바오가 대나무를 먹기 시작하면서 내 마음도 한결 여유로워졌다. 아이바오의 대나무 잎 섭취가 양호해질 무렵 아기 판다의 포유를 보조해 주어야 하는 일이 생겼다. 아직은 아기 판다의 뒷다리 힘이 온전치 않고 엄마 판다의 극진한 보살핌에도 젖을 먹기 힘들어하는 아기 판다를 위해 사육사가 도움을 주는 활동이다(인공 포유와는 다른 개념의 보조 활동이다).

아기 판다가 젖을 찾기 시작하면 사육사는 엄마 판다의 겨드랑이 사이로 손을 넣는다. 엄마 판다의 체온에 맞도록 손을 데우면서 냄새도 배도록 기다린다. 엄마 판다는 앉은 상태에서 포유를 하기 때문에 아기 판다가 유두 주변에서 아래로 내려와 잘 찾지 못하는 경우가 많다. 이때 밀려 내려오지 않도록 뒷발을 받쳐 버틸 수 있게 해 주거나 아기 판다의 머리를 잡고 입이 엄마 판다의 유두에 닿도록 도와주기도 한다.

이 과정은 생후 3개월이 지날 때까지 계속되었다. 생후 3개월이 지나면 아기 판다는 스스로 기고 앉기 시작하며 뒷다리에 힘이 생긴다. 이때부터는 엄마 판다의 유두를 자연스럽게 찾으면서 바닥에 뒷발을 버티고 자신 있게 젖을 먹는다.

이 모두가 엄마 판다와 사육사의 유대가 얼마나 중요한지를 생각하게 하는 과정이다. 사육사의 부드러운 음성과 행동은 엄마 판다에게 신뢰를 주고, 자신의 아기를 사육사에게 내어 주어도 안전하다는 믿음이 생긴다. 사육사가 아기를 만지는 것이 자신을 도와주기 위함이라는 것을 인정하고 나면 엄마 판다와 사육사는 공동 육아를 원활하게 할 수 있다.

아이바오가 만들어 준 아늑한 요람에서 자는 푸바오. 판생 20일 차

○ 아기 판다의 육아는 엄마 판다와 사육사들이
한 팀으로 이뤄내는 팀워크다.

죽순 쌈으로 전하는
사육사의 진심

아이바오는 아기 판다가 태어나기 전, 2주 정도를 거의 먹지 않았다. 출산 후에도 식욕이 좀처럼 돌아오지 않아 애가 탔다. 분만 직후의 판다가 식욕이 없는 것은 당연하다. 그러나 분만 후 얼마나 빨리 먹기 시작하고 잘 먹는가는 다른 문제다.

아기 판다를 낳느라 몸도 마음도 지쳤을 아이바오를 위해 부드러운 대나무 잎을 입에 대 주었으나 먹지 않았다. 봄에 준비해 두었던 죽순을 먹여야 할 때라는 직감이 왔다.

초저온법으로 냉동한 죽순을 해동해 먹기 좋은 크기로 잘라 입에 가져다주었다. 아이바오는 냄새를 확인해 보더니 조심스레 죽순을 씹기 시작했다. 아이바오가 죽순을 먹는 순간,

봄부터 여름까지 냉동 죽순을 열심히 준비했던 수고를 한꺼번에 보상받은 듯 뿌듯하고 가슴이 벅찼다.

우리나라에서 죽순은 봄에만(4월 중순에서 6월 말까지) 생산된다. 종류별로 자라는 시기가 다른데 가장 먼저 4월 중순에 땅을 뚫고 올라오는 것은 맹종죽이다. 아린 맛이 있어 판다가 썩 좋아하지는 않지만 처음 나오는 죽순이라 조금씩 먹는다.

다음은 솜죽이다. 5월 10일 전후로 자라나는 솜죽의 죽순은 잘 먹는다. 그리고 맹종죽과 솜죽의 죽순이 끝나갈 무렵 왕죽의 죽순이 나온다. 늦게 나와서 '늦죽'이라고도 부른다. 판다들에게 가장 기호도 높은 죽순 중 하나다. 설죽도 늦죽과 시기가 비슷하다.

문제는 판다가 주로 번식하는 7월에는 죽순의 성장이 끝나 구할 수 없다는 것이다. 판다의 최고 영양 간식이자 가장 기호도가 좋은 죽순 없이 엄마 판다를 돌봐야 한다는 사실에 판다 전문가들은 난감해했다.

앞에서 설명했듯이 2019년 판다의 번식 관련 영양 부분 대응을 위해 죽순 저장법을 연구했고 여러 가지 방법을 총동원해 초저온(-80도) 냉동법과 최적의 해동법을 찾았다. 냉동했다 해동한 죽순은 전혀 먹으려 하지 않던 아이바오가 이 방법에 유일하게 반응했다. 쾌재를 부른다는 표현이 이런 것일까?

이렇게 봄에 죽순을 채취해 저장하고 여름 번식기에 사용할 수 있는 길을 열었다. 해외의 판다 전문가들도 전례에 없는 일이라 죽순을 저장해 비상식으로 먹이는 일을 생소해했다. 출산 후 3일이 되어도 좀처럼 반응하지 않던 아이바오의 식욕을 죽순이 살려 냈다.

당시 아이바오가 2주 이상 거의 먹지 않았기 때문에 천천히 식욕을 높이는 과정이 필요했다. 아기 판다를 품에 안고 있어 앞발을 편하게 쓸 수 없는 상황이기에 죽순을 작게 잘라 직접 입에 넣어 주었다.

죽순을 받아먹는 아이바오의 모습은 감동이었다. 판다가 사각사각 소리를 내며 죽순을 씹는 소리는 정말 아름답다. 식욕을 부르는 소리와 더불어 죽순을 씹는 생동감 넘치는 표정에서 기쁨과 즐거움이 느껴진다. 그 모습을 보는 나도 대견함과 보람을 동시에 느끼며 행복해진다.

아이바오가 죽순을 받아먹으며 겨우 허기를 달래다 보면 아기 판다는 그 틈을 못 참고 꼬물거리며 불편하다고 칭얼거린다. 그러면 아이바오는 얼른 먹기를 멈추고 아기를 다시 고쳐 안아 얼러댄다.

안타깝게도 보관해 둔 죽순을 계속 공급하기에 한계가 있었다. 2020년 봄에 준비한 죽순은 총 130킬로그램이었다. 껍질을 벗기고 하루 3~4킬로그램씩 먹인다면 20여 일 정도 먹일 수 있었다. 게다가 대나무 잎을 먹어야 회복이 빠를 테니 여러모로 아이바오가 대나무 잎을 먹게 하는 것이 가장 좋은 방법이었다. 문제는 아이바오가 죽순은 잘 먹는데 대나무 잎을 주면 거들떠보지도 않는다는 점이었다. 죽순만 계속 먹일 수는 없으니 난감했다.

그때 생각해 낸 것이 죽순 쌈이다. 과연 아이바오가 쌈을 잘 먹을까? 설죽 잎의 질긴 부분을 가위로 일일이 제거하고 편으로 자른 죽순을 넣어 김밥을 싸듯 둘둘 말아 죽순 쌈을 만들었다.

죽순과 댓잎을 한 번에 먹이는 죽순 쌈은 꽤 좋은 아이템이다. 식욕을 돋우고 젖을 생산해 내는 좋은 영양공급원이 된다. 하지만 처음에 아이바오는 댓잎 속 죽순만 골라 먹으려 했다. 판다들은 머리가 좋다. 늘 사육사와 밀당을 한다. 죽순은 먹고 싶은데 댓잎은 싫은 아이바오, 댓잎을 먹이고 싶은 사육사 간에 눈치게임이 시작되었다.

결국 죽순 두 개에 댓잎 한 장으로 협상했다. 그렇게 해도 죽순의 양은 빠르게 줄었다. 죽순 재고량을 아이바오에게 알려 줄 수도 없으니 재협상이 필요했다. 머리 좋은 판다니까 금방 이해하리라 생각했다. 죽순 하나에 댓잎 한 장을 싸서 입에 넣어 주고 먹지 않으면 바로 그릇을 뒤로 빼며 식사 끝. 이

아이바오가 먹기 좋게 잘라 준비해 둔 죽순과 죽순 쌈

러기를 대여섯 차례 하고 나니 눈치 빠른 아이바오는 나의 절박함을 이해해 주는 듯 잘 먹어 주었다.

이 방법으로 아기 판다가 생후 25일이 될 때까지 죽순을 아이바오에게 먹일 수 있었다. 이후 완전히 대나무 잎으로 전환할 때는 부드럽고 죽순 맛이 남아 있는 설죽의 새순이 돋는 심지 부분만 뽑아서 주었다. 죽순 쌈 때처럼 심지 부분을 급여하며 서서히 대나무 잎을 섞어 주다 잎으로 전량 교체할 수 있었다.

문제는 하나 더 있었다. 아기를 안고 있어 손을 자유롭게 쓸 수 없으니 사육사들이 대신 먹여 주었는데 아이바오는 스스로 먹으려 하지 않았다. 죽순 쌈을 먹여 주고선 아이바오 양옆으로 맛있는 대나무 가지를 손만 뻗으면 먹을 수 있도록 배치해 스스로 먹어야 한다는 것을 알렸다. 아이바오도 사육사의 의도를 알아채고 스스로 대나무 잎을 먹기 시작했다.

이렇게 아이바오가 출산 후유증에서 빨리 벗어나도록 도움을 줄 수 있었음에 감사하다. 내 수고로움이 동물에게 도움이 될 때 사육사는 가장 큰 보람을 느낀다. 동물을 위해 사유하고 발품을 팔아 행동하는 노력이야말로 사육사의 행복이다. 사육사의 진심은 분명 동물에게도 전해진다.

○

사육사의 행동 하나하나, 동물의 행동 하나하나는
모두 메시지이자 대화다.
또한 서로의 교감으로 이뤄진 약속이자
단단한 루틴이 된다.

아기 판다의
인공 포유

아기 판다는 출산 후 10일간 나오는 엄마 판다의 젖을 꼭 먹어야 한다. 초유에는 질병을 예방할 수 있는 면역과 관련한 단백질이 함유되어 있다. 아기의 생명을 유지하는 데 아주 중요한 성분이어서 먹지 못하면 정상적인 성장이 어렵다.

푸바오는 태어나 하루가 지나서야 초유를 먹는 모습이 관찰되었다. 눈이 보이지 않으니 어렵게 엄마 판다의 유두 주변을 턱으로 탐색했다. 아이바오는 앞발로 여러 차례 들춰 가며 유두 주변으로 입을 대어 줬지만 아기 판다는 쉽사리 젖을 찾지 못했다. 옆에서 지켜보던 나도 몹시 조바심이 났다. 가까스로 아기 판다가 가녀린 입으로 엄마 판다의 유두를 한가득

물고 젖을 먹는 소리가 들렸다.

　아이바오는 아기가 낑낑거리고 칭얼거리면 피곤한 몸으로 잠결에도 그 소리를 듣고 젖을 물린다. 배부르게 젖을 먹은 아기는 가늘게 갸르릉거리는 소리를 내며 새근새근 잠이 든다. 아마도 세상에서 가장 행복한 소리가 아닐까. 사육사의 긴장과 불안 가득한 마음을 치유하고 회복시켜 주는 힐링 소리이기도 하다. 아이바오도 아기의 편안한 소리에 심리적 안정을 느낄 것이다.

　판다는 암컷 혼자 임신, 출산, 육아를 도맡아 한다. 말 그대로 독박육아를 한다. 한 마리가 태어났을 때는 엄마 판다가 혼자서 돌보지만 쌍둥이가 태어났을 경우 미숙아로 태어난 새끼를 엄마 판다가 동시에 키울 수 없기 때문에 사육사는 인큐베이터를 이용해 육아를 돕는다. 다만 완전히 분리해서 키우는 게 아니라 생후 3일 정도가 지나면 아기를 바꾼다. 사육사가 키우던 아기 판다도 생명 유지에 필수인 초유를 엄마 품에서 먹을 수 있도록 해 주기 위해서다. 이런 식으로 일정 기간 동안 엄마 품과 인큐베이터를 오가며 키운다.

　아기 판다는 젖만 먹고서도 급속도로 성장한다. 젖의 거의 100퍼센트를 소화해 변으로 배설하는 것이 거의 없을 정도로 소화 흡수율이 높다. 빨리 키우지 못하면 아기도 엄마 판다도 위험에 빠질 수 있고, 그만큼 육아에 희생하는 기간이 길어지기 때문이다.

푸바오는 태어나 10일 정도가 지날 때까지 잘 자랐다. 초기 생존율이 낮은 아기 판다에게 가장 위험한 기간은 생후 10일이니 이제 한시름 놓나 싶었다. 하지만 너무 이른 생각이었던 걸까? 생후 11일 차에 아기 판다의 배와 사타구니, 어깨 주변에서 결절을 발견했다. 비상이다! 항바이러스, 항세균, 항알러지 등의 처치를 진행했지만 증상은 개선되지 않았다. 생후 12일이 지나면서 푸바오의 체중이 줄기 시작했다.

결국 인공 포유를 병행하기로 했다. 인공 포유란 엄마 판다가 포유할 수 없는 상황이나 젖이 부족한 상황에서 사육사가 보조적으로 대신 포유를 하여 성장에 도움을 주는 과정을 말한다. 하루 한 번 건강 검진을 위해 엄마 판다로부터 분리하는 오후 시간대에 전용 분유를 타서 부족한 영양분을 공급해 주었다. 한 달 정도 인공 포유를 병행하자 아기 판다는 정상체중에 도달하며 사육사 할부지의 걱정을 날려 주었다.

아기 판다의 체중이 감소해 모두를 긴장하게 했던 일은 사실 그리 놀랄 만한 일은 아니었다. 그런 경우를 대비해 철저히 준비하고 있었기 때문이다. 당시에는 중국에서 입국이 가능해 전문가가 판다월드에 와 있었다. 함께 아기 판다의 초기 성장관리에 집중하며 더욱 많은 것을 배울 수 있었다.

내가 사육사라는 직업에 가치와 의미를 깨닫고 지금까지 지속할 수 있었던 계기는 바로 인공 포유다. 1989년 동물원 입사 2년 차 시절, 엄마 표범이 돌보지 않는 아기 표범에게 인공 포유를 한 적이 있다. 당시 경험도 없고 자료도 전무했다.

선배들은 맹수의 인공 포유는 성공한 사례가 없다며 해 봐야 소용없다고 조언했지만 어린 생명을 포기할 수 없었다. 하루 여덟 번, 세 시간 간격으로 젖병에 분유를 타서 아기 표범에게 먹였다. 기숙사에서 잠을 자다가 아기 표범이 있는 동물사로 이동해 시간 맞춰 포유를 하는 일은 체력적으로도 힘들었지만 마음속 깊은 곳에서 과연 살릴 수 있을까 하는 생각이 크게 엄습해 올 때가 가장 어려웠다.

다행히 용기 내 도전한 결과는 성공이었다. 그때 생명을 다루는 사육사가 할 수 있는 일의 범위와 가치가 얼마나 큰지를 깨달았다. 잘 자라 준 아기 표범에게도 고마웠다. 덕분에 더욱 해내고야 말겠다는 의지가 샘솟았으니까.

아기 표범이 안정권까지 성장한 후, 다른 사육사도 인공 포유를 시도했는데 낯을 가리며 나에게 매달리자 내심 뿌듯하기도 했다. 이렇게 내가 옳다고 생각하는 일에 과감히 도전했던 객기가 지금까지 사육사로 일할 수 있는 힘이 되지 않았나 싶다.

판생 14일 차, 인큐베이터에서 젖을 먹고 잠든 푸바오

아기 판다의 인공 포유는 하루 한 번 진행했다. 4cc로 시작해 점차 양이 늘어 50cc에 가까운 포유량을 기록하며 아기 판다는 잘 적응했다.

육아실 인큐베이터 안에서 젖을 먹기 전 아기 판다의 몸을 마사지하며 워밍업 해 준다. 포유 후에는 소화와 배변을 돕기 위해 아기 판다의 입 주변, 복부, 항문 주변을 톡톡 두드리며 부드럽게 마사지한다. 그러면 아기 판다는 어김없이 황금색 예쁜 똥으로 고마움을 표현해 준다.

배변까지 잘 마치고 나면 배냇 담요로 아기 판다의 몸을 감싼다. 그러면 엄마 판다의 품속인 양 편안하게 잔다. 아기들이 잘 먹고 예쁜 변을 눌 때 엄마는 걱정이 사라지고 마음이 편안해진다. 이렇게 포유를 마치고 새근새근 잠든 아기 판다는 천사 같다. 정말 사랑스럽다.

아이바오는 아기가 육아실로 이동하고 나면 화장실 자리로 이동해 오랫동안 참은 대소변을 시원스레 보고 대나무를 먹는다. 편하게 몸을 펴지 못하는 육아 환경에서 잠시나마 자유시간을 갖는 것이다. 어쩌면 인공 포유를 병행한 것이 엄마 판다에게도 고마운 일이었을 것이라는 생각이 든다.

생후 14일 차에 시작한 인공 포유는 37일 차에 아기 판다의 체중이 정상으로 돌아올 때까지 23일간 진행했다. 사실 일

반 야생동물의 경우 어미와 병행해 인공 포유를 하기 어렵다. 특히 식육목의 경우 어미에게서 새끼를 분리한다는 것 자체가 쉽지 않다. 어미가 불안함을 견디지 못하고 사육사를 위험에 빠뜨릴 수 있고, 새끼에게 낯선 냄새를 맡고 돌봄을 포기하는 경우도 많다. 다행히 아이바오와 아기 판다는 사육사와의 공동 육아를 받아들였다.

이 모든 건 엄마 판다와 아기 판다, 사육사 모두 편안하고 신뢰하는 관계가 형성되어야 가능하다. 아기를 데려갔다가 안전하게 데리고 온다는 믿음, 아기 판다도 충분하지 않았던 젖을 배불리 먹을 수 있다는 믿음이 전제되어야 한다.

처음 몇 번은 서로가 불편하다. 엄마와 떨어지는 아기 판다는 엄마 품과 달라지는 것이 불편하고, 엄마 판다는 아기가 잘못되는 게 아닌가 싶어 긴장한다. 그래서 사육사는 불안해하는 판다 모녀가 안심할 수 있도록 믿음을 주어야 한다.

무엇인가를 선택하고 용기를 내서 도전한다는 것은 모두 낯섦이 존재한다. 서로 유연해질 때까지 참고 견뎌야 한다. 그 낯섦을 감당한 뒤에는 늘 편안함과 성취감이 선물처럼 주어진다. 그래서 신은 선물을 줄 때 고난이라는 보자기로 포장한다고 했나 보다.

무엇이 그리
빨리 보고 싶었을까?

아기 판다가 눈을 뜨는 시기는 일반적으로 생후 40일이 지나서다. 눈을 뜬다고 해서 바로 볼 수 있는 것은 아니다. 60일이 되어야 주변 사물이나 엄마 판다를 볼 수 있다. 그런데 아기 판다가 눈을 떠도 너무 빨리 떴다. 왼쪽 눈은 15일 만에, 오른쪽 눈은 18일 만에 눈을 떴다. 사실 이렇게 개안이 빠르면 긍정적인 상황은 아니다. 눈을 너무 빨리 뜨면 시력을 갖기 전에 문제가 생겨 앞을 못 보는 경우가 있기 때문에 매우 조심스럽게 대처해야 한다.

푸바오가 게슴츠레 눈을 떴을 때부터 분만실에 불을 켜지 않았다. 눈에 빛이 들어가 시력을 확보하는 데 문제가 생길 수 있다는 전문가의 조언을 들었기 때문이다. 정상적으로 시력이 생기기를 간절히 염원하며 가급적 어두운 환경을 만들어 시력 보호에 최선을 다했다.

아기 판다가 태어난 지 60일이 되었을 무렵, 1차 시력검사를 했다. 조명을 이용해 눈동자가 따라 움직이는지를 확인했다. 아니나 다를까, 1차 시력검사에서는 아직 시력이 확보되지 않았다는 결과가 나왔다. 그래도 희망의 끈을 놓지 않았다.

생후 70일 차에 2차 시력검사를 했다. 잔뜩 긴장한 채로 시력검사를 지켜보았다. 아기 판다의 왼쪽 눈동자가 불빛을 따라 서서히 움직였다. 드디어 시력이 조금씩 생기는 단계가 된 것이다. 아직 오른쪽 눈은 움직임이 없지만 먼저 뜬 왼쪽 눈의 시력을 확인한 것은 매우 희망적이었다.

아기 판다는 엄마 판다의 모습도 할부지의 모습도 서서히 익혀갈 것이다. 지금까지는 냄새와 촉감으로 인지하고 구분했다면 이제는 시력을 더해 기억하는 것이다.

다행히 아기 판다는 두 눈 모두 시력을 확보했다. 건강한 모습으로 할부지의 걱정을 말끔하게 날려 주었다. 아이바오는 아기 판다의 시력에 대해 걱정했을까? 워낙 예쁘고 육아도 척척 해내는 아이바오는 아마 확신하고 있었을 것이다. 당연히 아기 판다가 문제없이 건강하게 성장할 것이라고.

이렇게 빨리 눈을 뜬 아기 판다는 한 번도 없었단다. 푸바오는 세계에서 가장 빨리 눈을 뜬 판다가 되었다. 무엇이 그리 빨리 보고 싶었을까?

세상에서 제일 빨리 눈 뜬 판다, 푸바오야!
판다의 눈은 크진 않지만
넓은 세상에 좋은 것, 예쁜 것 많이 보고
엄마와 할부지와의 추억도 많이 담아 기억하렴.
그 추억들이 널 평생 즐겁게 살아가게 하는 힘이 될 거야.
너를 사랑하는 많은 사람들도
푸바오와의 추억을 언제나 간직할 거야.

사 랑 한 다 면
아 이 바 오 처 럼

판다는 야생에서 둘 이상 새끼를 낳으면 대부분 한 마리만 선택해 키운다. 암컷 혼자 임신, 출산, 육아를 하니 미숙아로 태어난 새끼를 모두 돌볼 수 없다.

이런 모습을 보고 판다는 모성애가 약하다고 하는데, 사육사로서 지켜보니 판다는 모성애가 아주 강하다. 새끼를 한 마리만 키울 수밖에 없는 판다의 특성은 모성애가 아닌 자연의 섭리로 인한 비선택적 항목이 아닌가 싶다. 육식동물의 신체적 특징과 소화기관을 가지고 있지만 대나무만 먹기에 두 마리 이상의 새끼를 모두 육아할 만한 영양적, 관리적 역량을 갖추지 못해서인 것이다.

그럼 부성애는 어떨까? 판다에게 부성애라는 표현은 어울리지 않는다. 판다는 생후 2년 이내에 어미로부터 독립해 완벽하게 단독 생활을 한다. 혼자 살다 짝짓기 시기에 잠시 이성 판다를 만났다가 짝짓기가 끝나면 수컷은 암컷의 곁을 미련 없이 떠난다. 인간의 기준으로 보면 나쁜 남자다.

사실 정확히 말하자면 짝짓기가 끝나자마자 암컷은 수컷을 공격해 쫓아 버린다. 종의 특성이 이러하니 수컷 판다에게 뭐라 할 수는 없다.

소형 원류인 타마린의 경우, 새끼가 태어난 지 일주일 정도만 지나면 수컷이 육아를 전담한다. 주로 새끼를 업고 다니며 돌보는데 젖을 먹일 때만 암컷이 새끼를 돌본다. 침팬지나 사자 무리처럼 공동육아를 하는 경우도 있다. 역할을 나누어 무리를 지키거나 어린 새끼들과 놀아 주는 방식으로 부성애를 표현하는 동물도 있다. 이처럼 동물마다 그들 나름의 규칙과 습성이 있다는 것을 존중하고 이해해야 한다.

아이바오는 육아에 진심과 정성을 다한다. 아기 판다가 태어나고 11일째 되던 날, 아이바오의 등에 상처가 관찰되었다. 항상 펜스에 등을 기대고 아기를 보살피다 보니 펜스와 닿는 부분에 찰과상이 생겼다.

상처는 이미 염증으로 발전한 상태였다. 화농성 염증 부위

아이바오가 푸바오를 돌보는 동안 든든하게 판다월드를 지켜 준 러바오

탄생 60일 차 푸바오와 아이바오

가 점차 넓어지고 피부가 깊이 팬 상황에서도 아이바오는 아기를 돌보는 일에 최선을 다했다. 통증을 호소하거나 육아에 허점을 보인 적도 없다.

젖을 먹이는 중이니 약 성분이 새끼에게 영향을 줄 수 있어 투약을 하거나 다양한 처방을 할 수 없었다. 매일 두세 차례 상처 부위를 소독하고 연고를 발라도 늘 펜스에 닿아 있고 마찰이 생기는 곳이다 보니 쉽게 아물지 않았다.

상처가 완치되기까지 무려 45일이나 걸렸다. 흉터가 생겨 털이 나지 않으리라 예상했던 환부가 깨끗하게 아물고 새 털이 예쁘게 나는 모습을 보며 판다의 치유 능력과 강인함에 놀라움을 금할 수 없었다.

그뿐 아니다. 아이바오는 화장실에 갈 때도 아기를 몸에서 떼어놓지 않고 조심스레 물고 이동한다. 아기를 내려놓기 시작하는 생후 한 달 정도까지 아이바오는 대나무를 스스로 집어 먹지 않았다. 사육사가 주는 먹이 위주로만 식사를 했다. 팔로 아기를 가슴에 안아 보살피다 보니 팔이 자유롭지 않기도 하고 자신이 먹을 때는 팔을 아끼는 것이다. 생후 34일이 되어 아기 판다가 스스로 체온을 조절하고 홀로 수면이 가능해지고 나서야 먹이를 제 손으로 먹었다.

이후로도 아이바오는 아기 판다의 조그만 움직임 하나하

나에 집중했다. 아기 판다가 약간만 불편한 소리를 내어도 바로 반응하며 돌봤다.

120일쯤 푸바오가 걷기 시작하자 아이바오는 더 바빠졌다. 말썽꾸러기인 아기를 지켜보며 안전한지 살펴야 하기 때문이다. 이 시기에는 엄마 판다가 아기 판다의 목덜미나 볼 같은 곳을 항상 물고 함께 이동한다. 상황이 바뀔 때마다 먼저 아기의 안전 여부를 꼭 확인한다. 안전하다고 판단이 되어야 아기 판다를 물고 이동하고 아기가 자신에게서 멀어지지 않도록 주시한다.

아기 판다가 나무에 오르기 시작하는 5개월 이후부터는 조금씩 아기의 움직임에 자율권을 부여한다. 나무에 오르는 훈련은 엄마 판다의 도움으로 배우는 학습이라기보다 스스로 터득해야 하는 과정이기 때문이다.

아기 판다는 이곳저곳 엄마 판다 주변에서 나무 타기에 필요한 기본연습을 한다. 외나무다리도 건너보고, 바위나 나무 그루터기 같은 조금 더 높은 곳도 올라본다. 그러면서 발에 힘도 기르고 자신감도 얻는다.

이제 시작이다. 아기 판다는 나무에 오르길 수없이 반복한다. 엄마 판다인들 왜 걱정이 없겠는가? 조금 떨어져서 아기 판다를 주시하며 무슨 일이 생기면 득달같이 달려간다. 조금 높은 나무에 오래 머물 것 같으면 나무 아래에서 서성이며 아기 판다를 부른다.

아기 판다가 나무 타기 기술을 어느 정도 익히면 아이바오는 조금씩 자신의 활동 공간을 넓힌다.

이 시기에 아기 판다는 하루 한두 번 젖을 먹고 나무 위에서 두세 시간은 거뜬히 잔다. 따로 엄마 판다를 귀찮게 하거나 괴롭히지 않는다. 아기 판다는 엄마 판다와 생체시간을 맞춰 배가 고프면 젖을 먹고 놀다가 졸리면 또 나무 위로 오른다. 서로가 안전에 대해 점차 여유로워진다.

엄마 판다의 가장 훌륭한 학습 방법은 아기 판다에게 좋은 모습을 보여 주는 것이 전부다. 아기 판다가 스스로 배워야 하는 시기에 엄마 판다는 아기 판다에게 전적으로 맡겨 둔다. 걷기, 나무 타기, 대나무 먹기 등 엄마 판다의 행동을 반복해서 보고 따라 하면서 아기 판다가 스스로 터득해야 하기 때문이다. 억지로 가르치거나 알려 주려 하지 않는다.

아기 판다가 독립해 야생에서 안전하게 살아가기 위해서는 자연에 순응하는 법을 배우고 홀로 대응하며 직접 경험하고 체득해야 한다. 판다의 유전자는 혼자 살아가도록 설계되어 있으니까.

이제 판다가 모성애가 약하다는 속설은 머릿속에서 지워
버리자. 아이바오의 사랑을 넘치게 받고 자란 푸바오는 사랑
의 힘으로 멋진 판다로 살아갈 것이다.

아이바오는 이미 알고 있다.

언제까지나 자신이 아기 판다를 돌볼 수 없고,

그래서도 안 된다는 것을.

100일, 푸바오와 함께
성장한 시간

아기 판다가 태어난 지 100일
이 되던 날, 백일잔치 겸 명명식을 했다. 그때까지 아기 판다
에게는 이름이 없었다.

푸바오福寶, 행복을 주는 보물

아기 판다의 이름은 푸바오가 되었다. SNS와 홈페이지를
통해 5만여 명이 아기 판다의 이름 짓기에 참여했다.

이름을 공개하고 푸바오를 안고 처음으로 공개 석상에 나
갔을 때, 정말 자랑스럽고 뿌듯했다. 사랑스러운 보물 '아이
바오', 즐거움을 주는 보물 '러바오', 행복을 주는 보물 '푸바

오', 이렇게 바오 가족이 탄생했다.

푸바오는 태어난 순간부터 100일까지 매일매일 감동과 놀라움을 선사했다. 그중에서도 특히 엄마 아이바오에게도, 나에게도 의미 깊은 날들이 있다.

만월 滿月

한 달이라는 시간은 너무도 작고 여린 몸으로 세상에 나온 아기 판다가 살아 보겠다는 강한 의지로 잘 버텨 준 긴긴 시간이다. 체중이 감소해 인공 포유를 병행했을 때도, 배에 결절이 생겨 치료할 때도 푸바오는 아이바오의 강인함을 그대로 물려받은 듯 씩씩하게 잘 이겨냈다.

아이바오에게는 아기를 한순간도 내려놓지 못하는 힘든 시간이었다. 제대로 먹지도 못하고 아기를 안은 채 끙~ 후~ 하고 지속적으로 들려오는 아이바오의 호흡 소리가 무척 안쓰럽고 안타까웠다. 나는 그저 옆에서 지켜보며 응원만 할 수밖에 없었다.

"아이바오, 잘하고 있어!"
"정말 고맙고 예쁘다, 우리 아이바오!"

사육사에게 한 달은 초집중기였다. 엄마 판다의 가슴이나 팔 바깥쪽으로 새끼가 밀리지 않는가? 어떤 소리가 들리는가? 그 소리는 불편한 소리인가, 편안한 소리인가? 엄마 판다가 새끼를 놓치거나 놓아 버리지 않는가? 엄마 판다의 젖이 순조롭게 나오는가? 어린 녀석이 잠은 잘 자는가? 태변은 배설하는가? 엄마 판다는 태반을 온전히 밀어냈는가? 엄마 판다는 물을 마시고 대나무를 먹기 시작하는가? 예상할 수 있는 모든 상황에 즉시 대응할 수 있도록 준비는 완벽한가? 나는 촉각을 곤두세우고 판다 모녀의 숨소리 하나도 놓치지 않으려 애썼다.

신기하게도 아이바오는 정확히 한 달을 채우고서 알람을 맞춰 둔 듯 푸바오를 가슴에서 내려놓았다. 아이바오가 아기를 바닥에 내려놓고 화장실에 간다는 것은 이제 아기가 엄마 판다의 도움 없이 스스로 체온 유지가 가능하다는 알림이다.

197그램으로 태어난 아기 판다의 체중은 어느새 1킬로그램으로 늘었다. 온통 분홍빛이었던 아기 판다는 일주일이 지나며 흑백 윤곽선을 찾기 시작하더니 생후 30일 정도가 되니 판다의 색을 모두 갖추었다. 이제는 아기 판다 스스로 헤쳐 나가야 한다. 그러니 한 달이 어찌 짧은 시간이겠는가?

육아실에 인큐베이터 전원을 껐다. 포유 보조도 빠르게 줄였다. 아이바오는 이제 사육사가 먹여 주지 않아도 스스로 대나무를 먹는 여유가 생겼다.

'살다 보면 살아진다'는 노랫말이 떠오른다. 여리지만 살아 보겠다는 생명체의 강한 의지와 엄마 판다의 제 몸 사리지 않는 희생과 사육사의 정성으로 한 달을 단단하게 채워 냈다.

40일

만일을 대비해 육아실에 남겨 두었던 인큐베이터를 모두 철수했다. 이제 아기 판다는 스스로 소변을 배설할 수 있다. 그리고 뒤집기를 한다. 꼬물꼬물 둔하고 힘겹지만 어찌어찌 애쓰다 제 몸을 뒤집는다. 모든 순간이 다 감동이다.

50일

푸바오는 엎드린 상태로 기어다닐 수 있는 근력이 생겼다. 아이바오는 푸바오를 혼자 두고 옆방으로 이동해 먹이를 먹고 여유 있게 돌아오며 아기 활동에 자극을 주는 모습이 보인다. 푸바오는 시력이 생기기 전이었기 때문에 냄새와 소리로 엄마를 찾아 조금씩 기기 시작했다. 엄마 곁에서 자다가 배가 고프면 젖을 향해 열심히 기어간다.

70일

이제 안정적으로 성장하는 게 느껴졌다. 분만실에서 야간근무를 마치고 육아실로 이동해 CCTV로 관찰했다. 엄마 판다의 행동이 사육사가 곁에 있을 때와 없을 때 달라질 수 있기 때문에 이를 확인하는 과정이 필요하다.

75일

푸바오가 앞발을 딛고 세우는 행동이 관찰되었다. 완전하지 않지만 앞발을 이동시키는 연습을 한다. 식육목답게 80일이 넘어서자 아랫니부터 송곳니가 나기 시작했다. 고기만 먹는 육식동물보다는 송곳니의 출현이 확연히 늦다.

100일

푸바오가 드디어 스스로 앉았다. 감사하게도 두 눈 모두 정상 시력을 확보했다.

처음에는 벽에 기대어 몸을 조금씩 움직이면서 앉으려 애쓴다. 겨우 중심을 잡고 앙증맞게 앉아 있는 모습은 세상에서 가장 치명적인 귀여움이 틀림없다. 머리가 무거워 제대로 가누지 못하고 조는 것처럼 흔들거리는데 한참이나 눈을 떼지 못하고 웃었다.

이즈음 푸바오의 몸무게는 6킬로그램에 도달했다. 네 개의 송곳니뿐만 아니라 어금니도 예쁘게 자랐다. 이제는 가끔 엄마 품에서 벗어나려고 해 아이바오와 실랑이를 하곤 하는데

이 녀석이 그 녀석 맞나 싶다.

100일까지 푸바오는 눈부시게 성장했다. 분만 둥지를 떠나 대나무 숲속으로 나아가기 위해 한 발 한 발 차분히 내딛고 있다. 성장 과정에 맞춰 정확히 관찰되는 단계별 행동은 따로 표현할 방법이 없는 경이로운 대자연의 힘이다.

푸바오의 놀라운 성장과 더불어 이제는 육아 만렙이 된 아이바오도 나도 여러 고비를 함께 넘으며 서로에 대한 믿음이 더 커졌다. 우리는 한 뼘 더 자랐다.

100일간 무럭무럭 자란 푸바오

푸바오에게 받은 넘치는 사랑을
어떻게 되돌려줄 수 있을까?
아기 판다의 국내 최초 자연 번식 성공을 통해
그동안 마음 졸이고 부담되었던 시간들이
평생 잊지 못할 더 큰 행복으로 되돌아왔다.

푸바오, 너의 판생을 응원해

첫 걸음마를
떼 다

　　　　　　　　　푸바오가 생후 4개월을 넘기던
어느 날이었다. 분만실 구석에서 엉덩이를 펜스 모서리에 밀리
지 않도록 고정하더니 뒷다리를 힘겹게 세웠다. 머리를 바닥에
박고서 비척거리며 겨우겨우 앞발에 힘을 주더니 일어섰다!

"푸바오~ 할 수 있어!"
"조금만 더 힘을 내!"

　그 모습이 어찌나 안쓰러우면서도 귀여운지 나도 모르게
함께 힘을 주며 응원했다.
　잠시 후, 떼어낸 첫발! 푸바오가 네 발로 처음 한 걸음 내

디뎠다. 지켜보던 내 눈은 어느새 촉촉해졌다. 아이의 첫걸음마를 응원하며 아이를 향해 양팔을 벌리고 손짓해 본 경험이 있다면 이 장면이 얼마나 감동적인지, 얼마나 행복으로 심장이 방망이질하는지 알 것이다.

그동안 아이바오가 먹거나 자고 있을 때, 푸바오는 벽에 몸을 의지하고 앙증맞은 네 다리를 세우고 발을 떼어 보려는 시도를 했다. 열심히 연습하더니 생후 120일이 되던 날, 마침내 첫걸음마를 해낸 것이다.

아기 판다는 걸음마를 하기 전에 먼저 앞발을 딛고 몸을 세우고, 아직 뒷발에 힘이 생기지 않아 뒷발을 끌듯이 이동하는 단계가 있다. 이후 네 발로 서고 걷는 모습이 단계적으로 관찰된다.

푸바오는 100일 정도에 바닥을 기기 시작하고, 110일이 되어 스스로 앉았다. 오뚜기처럼 흔들리는 몸으로 겨우 앉은 모습은 입틀막 미소와 감동을 선사했다. 그러더니 112일이 되던 날, 처음으로 네 발로 섰다.

푸바오는 120일에 첫걸음마를 해냈고, 가끔 뒤뚱거리며 넘어지기도 하면서 꾸준히 걷기 연습을 하더니 5개월이 지나자 걸음이 제법 자연스러워졌다.

뒤뚱거리며 고꾸라지기를 반복하며 한 발 한 발 엄마를 향

판생 125일 차, 뒤뚱뒤뚱 엄마에게 걸어가는 푸바오

해 걷는 아기 판다는 판다 형상의 천사가 분명하다. 이때가 판다 흑백색의 완결판인 코끝 비강이 검어지는 시기이기도 하다.

푸바오에게 걷기란, 자신을 재우고 대나무를 먹기 위해 멀리 가 있는 엄마에게 스스로 다가갈 수 있다는 의미다. 즉, 엄마의 관심사에 동참할 수 있는 새로운 일상이 열렸다. 하지만 아이바오에게 푸바오의 걷기란, 걸음마를 떼는 아기를 보는 기쁨이자 미운 네 살을 챙겨야 하는 부모처럼 육아가 더욱 힘들어지는 시기가 도래했다는 뜻이다.

오죽하면 자는 모습이 제일 예쁘다고 할까? 아이바오는 엄마의 모든 것에 참견하며 어디든 따라나서는 푸바오의 안전을 챙겨야 하는 부담이 하나 더 늘었다.

판다가 걷는 모습을 유심히 본 사람은 한 번쯤 의아한 모습을 접했을 것이다. 판다는 뒤뚱뒤뚱 걷는다. 앞발은 반듯하게 앞으로 옮기지만 뒷발은 직선으로 옮기지 못한다. 바깥쪽으로 휘저어 안쪽으로 꺾는 팔자걸음처럼 걷는다. 그러니 빠르게 걷거나 뛰기가 쉽지 않다.

뒤쪽에서 판다의 걸음걸이를 보면 왠지 부자연스러운 느낌이지만 엉덩이를 씰룩씰룩하며 걷는 걸 보고 있으면 웃음이 나온다. 특히 푸바오가 귀를 팔랑거리며 터덜터덜 뛰는 모습은 정말 귀엽다.

그뿐 아니다. 판다는 뒷발의 특성상 말이나 소, 호랑이, 사자처럼 두 발씩 모아 뛰기를 하지 못한다. 그러니 당연히 빠르게 뛰는 것은 포기하고 산다.

이렇게 안쪽으로 감기는 걸음에 단점만 있는 것은 아니다. 판다는 어린 시절 나무 타기를 배워 어른이 되어서도 나무에 잘 오르고, 나무 위에서 오랜 시간 휴식을 취한다. 안쪽으로 감기는 뒷다리는 나무를 끌어안기 좋은 신체 구조여서 나무에 오를 때 쉽게 붙잡을 수 있다. 나무를 잘 타기 위해 이렇게 진화한 것이다.

판다가 걷고 뛰는 것 자체가 어쩌면
자연의 일부이자 아름다움이 아닐까?

푸바오의 지독한
응가 냄새

아기 판다의 똥 냄새는 무척 지독하다. 똥 냄새는 원래 다 지독하지 않냐고 하겠지만 신기하게도 어른 판다의 똥은 냄새가 거의 없다. 향긋한 녹차 향이랄까. 그에 비해 아기 판다의 똥 냄새는 도저히 이해할 수 없을 정도로 고약하다.

판다는 다른 동물들에 비해 낯선 특징이 참 많다. 흑백으로만 둘러진 색, 대나무를 주식으로 하는 식성, 나무에 잘 오르는 습성, 짝짓기가 어렵고 임신과 비임신의 증상이 똑같아 임신 진단이 어렵다는 점, 심하다 싶을 정도로 미숙아로 태어나고, 둘이나 셋을 낳아도 하나만 기른다는 점, 아기 판다의 빠른 성장 속도 등. 여기에 아기 판다는 똥 냄새마저 독특하다.

푸바오의 똥을 처음 발견한 것은 생후 이틀째 되던 날이다. 검은색 태변이었다. 포유동물은 대부분 생후 1~2일 차에 태변을 배설한다. 이후 아이바오가 아기를 안아 키우는 기간을 비롯해 약 4개월 정도는 아기 판다의 똥이 관찰되지 않았다. 다만 아이바오가 한두 번씩 아기의 엉덩이와 사타구니 주변을 핥아서 정리해 주는 모습이 관찰되었다. 포유동물의 경우, 새끼의 대소변을 어미가 핥아 처리해 주는 것이 일반적이기에 당연하게 생각했다.

이해할 수 없는 일은 아기 판다가 걷기 시작하면서 일어났다. 아이바오가 처리하지 않은 푸바오의 똥이 처음으로 내실 바닥에서 발견되었다.

진한 쑥색으로 60그램 정도였다. 문제는 냄새였다. 높은 단계의 취두부 향도 아니고 푹 삭힌 홍어 향도 아닌 것이 표현 자체가 불가능한 악취가 코를 찌른다. 도저히 코를 가까이 가져다 댈 수 없을 만큼 자극적이다. 소화기관이 좋지 않으면 변 냄새가 심하다더니 건강에 이상이 있는 것인가? 악취 때문에 아이바오가 처리하지 않았나? 궁금증을 해소하지 못한 채, 더 이상 푸바오의 똥을 발견할 수 없었다.

판다의 번식에 대해 처음 경험하는 게 많다 보니 아직 모르는 것이 많았다. 단지 야생동물을 오래 관리한 사육사의 느낌으로는 천적을 쫓아내기 위한 냄새라고 생각된다. 실제로 푸바오의 똥 냄새를 러바오에게 맡게 했더니 줄행랑을 쳤다.

이후 푸바오의 똥은 15~20일 간격으로 드물게 발견되었다. 또 궁금증이 생겼다. 그간 배설을 하지 않았나? 아이바오의 고구마와 뒤섞여 사육사들이 미처 발견하지 못했나? 아이바오가 다시 먹어서 처리하는 걸까?

판다의 건강과 직결되는 상황이라 중국의 판다 전문가 친구에게 영상통화로 물어봤다. 친구의 답변은 모든 게 아주 정상적이란다. 아기 판다는 엄마 판다의 젖을 거의 100퍼센트 소화하기 때문에 드물게 배변한다고 했다. 생후 120일 정도가 지나면 더 이상 엄마 판다가 처리하지 않는다고.

푸바오가 자라면서 조금씩 대나무를 씹고 삼키는 학습이 진행되었다. 대나무 섭취량이 늘자 배변 횟수도 늘었다. 놀이터에 나가 놀다가도 배변하는 모습이 관찰되었다.

재미있는 것은 구석의 대나무 숲이나 대나무과 식물인 사사밭에서 꼭꼭 숨기듯 배변한다는 것이다. 마치 고양이가 수풀에 숨거나 모래를 파고 배변 후 덮는 습성을 연상케 한다.

자세는 뒷다리를 땅에 대듯 바닥에 붙이고 앞다리를 반쯤 웅크린 채 배변한다. 물론 엄마 판다나 아빠 판다와 배변 자세는 비슷하다. 단지 성숙한 판다들은 숨어서 배변하지 않고 매우 개방적이다. 다 자란 판다들은 천적에게 대항할 만한 힘과 무기를 지니고 있어 어떤 상황에서든 자기방어가 가능하기 때문이다. 그에 비해 아기 판다들은 아직 약하기 때문에 천적에게 위치를 들키지 않기 위해 숨어서 배변하는 걸로 판단된다.

아기 판다는 생후 1년 반을 넘기며 대나무 위주로 식성이 잡히면 똥도 점차 어른스러워진다. 크기 면에서 약간 차이가 나고 아직 미미한 아기 똥의 향이 남아 있을 뿐이다. 그리고 숨어서 배설하던 행동도 점차 사라진다. 나무 위나 셸터에서 자거나 식사를 하다가도 대범하게 응가를 한다. 어른스러워지며 그만큼 천적에 대한 자신감도 생긴 것이다.

푸바오는 600일 차 정도에 아이바오처럼 예쁘고 멋지고 향긋한 초록 고구마를 생산하기 시작했다.

판다는 정말 여러모로 이해의 폭을 벗어나는 동물이다. 아직 내가 판다라는 동물을 이해하기 위해 노력이 더 많이 필요한 듯하다. 아기 판다가 2~3주 간격으로 배변하는 것도, 똥에서 지독한 악취가 나는 것도 일반 포유동물에서는 찾아보기 힘든 습성이다.

판다는 어른이 되면 하루에 20~30회 배변한다. 이는 먹이 차이 때문이다. 젖을 먹을 때는 완전 소화를 하니 배설물이 적어 장에 오래 머물면서 냄새가 심해지고, 젖보다 대나무 의

깔끔쟁이 판다답게 폭포에 고구마 똥을 흘려보내는 러바오

실내 놀이터 구석에서 배변을 하는 푸바오

존도가 높아지면 냄새도 완화되는 것이다.

어른 판다의 똥은 대나무를 먹는 부위에 따라 색이 극명하게 나뉜다. 대나무 잎 부분을 먹을 때는 녹색, 대나무 줄기를 먹었을 때는 노란색이다. 사실 판다의 똥은 소화가 되었다기보다는 대나무를 씹어서 뭉쳐 놓은 느낌이다. 육식동물의 장구조를 가졌음에도 대나무를 먹기 때문이다.

초식동물은 장이 길어 미생물을 통해 섬유소를 15시간 이상 오래 소화시킨다. 반면 판다들은 식육목 특성상 장이 짧다. 채식 후 불과 대여섯 시간이면 배설을 한다. 그러니 형태를 변화시키거나 제대로 소화시킬 여유가 있겠는가?

또한 판다의 똥에는 매우 얇은 막이 씌워져 있다. 대나무 줄기는 굉장히 날카롭고 질겨서 자칫 구강이나 장 점막에 상처를 내거나 장이 꼬이는 장염좌가 발생할 수 있다. 때문에 장 점막이 손상을 입지 않고 부드럽게 장관을 통과할 수 있도록 얇은 막으로 포장하는 듯하다.

다시 얘기하지만 판다라는 동물은 까도 까도 계속 나오는 겹겹이 싸인 양파와 같다.

운명 같은
나무 타기 연습

　　　　　　　　　높은 나뭇가지에 엉덩이를 척 걸치고 쉬는 판다를 본 적이 있을 것이다. 얇은 나뭇가지가 몇십 킬로그램이나 되는 판다의 무게를 감당할까 싶어 보는 사람은 아슬아슬하지만 정작 판다들은 태평하다.

　판다가 사는 야생 숲에서는 판다를 발견하지 못하는 경우가 많다. 먹이를 실컷 먹고서 20~30미터의 높은 나무에 올라가 조용히 쉬기 때문이다.

　판다가 나무에 잘 오르는 것은 유전자로부터 받은 명령이다. 물고기가 헤엄을 잘 치고 새가 하늘을 잘 나는 것처럼 판다는 나무를 잘 타야 한다.

　아기 판다는 4개월쯤 걷기 시작해 5개월부터 높은 곳에 오르려 한다. 오를 수 있는 모든 곳에 오르려 하는데 이때가 아기 판다에게도 엄마 판다에게도 아주 의미 있는 시기다.

먼저 아기 판다가 나무에 오르면 스스로 천적을 피할 수 있다. 판다의 천적은 담비나 표범 등인데 이런 천적을 피할 수 있는 가장 안전한 곳이 나무의 아주 높은 곳이다. 아기 판다가 나무 위에서 잠자고 노는 2~3시간 동안 엄마 판다는 대나무를 실컷 찾아 먹거나 아기 걱정 없이 혼자 휴식을 취할 수 있다.

그러나 아기 판다가 나무 오르기에 능숙해지기까지는 쉬운 일이 아니다. 타고나는 기술이 아니라 수없이 반복해 연습하고 고통을 견딘 후에야 얻을 수 있는 기술이기 때문이다.

푸바오는 날카로운 발톱과 발바닥 패드를 이용해 언덕과 바윗돌, 셸터, 작은 나무, 큰 나무 가릴 것 없이 오르는 연습을 거듭했다. 아이바오는 이런 모습을 불안한 듯 바라보면서도 만류하지 않고 옆에서 응원할 뿐이다.

한 번, 두 번, 세 번⋯ 10번, 100번, 1000번. 이렇게 아기 판다 푸바오는 계속 넘어지고, 구르고, 떨어지고, 힘들지만 또 오르고 올랐다. 마치 아기가 일어서다 넘어지고 발걸음을 떼다 바닥에 엉덩방아를 찧기를 수십 번, 수백 번 반복하는 것처럼 말이다.

판다들은 앞발의 날카로운 발톱과 뒷발의 끌어안는 힘을 이용해 나무에 올라간다. 우선 나무를 끌어안듯 앞발을 넓게 벌린 뒤 발톱으로 나무에 고정한 다음, 뒷발을 이용해 나무를 끌어안는다. 다시 앞발을 위로 올려 나무를 끌어안고 발톱을 이용해 고정하는 방법을 사용한다.

위협을 느껴 나무에 빠르게 올라갈 때는 앞발로 나무를 끌어안고 뒷발의 발톱을 이용해 걷듯이 이동하는 행동을 재빠르게 반복해 오르는데, 이는 나무 타기에 숙련된 상태에서 가능한 기술이다.

보통 나무에 오를 때 판다는 머리와 앞발이 위로 먼저 올라가고 내려올 때는 후진하듯이 뒷발이 아래로 먼저 내려온다. 그런데 레서판다는 올라갈 때 앞발과 머리가 먼저 올라가고 내려올 때도 머리가 먼저 아래로 내려온다. 그런가 하면 판다는 큰 나무 한 그루를 이용해 올라가서 쉬다가 내려오는 활동을 하고, 레서판다는 올라간 나무에서 다른 나무로 이동하곤 한다. 레서판다는 몸이 가볍고 천적이 많기 때문에 위험한 바닥으로 내려오지 않고 이동하려 하기 때문이다. 이동 방법은 옆으로 뻗은 나뭇가지를 끝까지 이동하다 옆 나무와 만나는 나뭇가지를 타고 건너간다. 판다는 체중이 비교적 많이 나가기 때문에 나무 간 이동은 쉽지 않다.

판다들은 날카로운 발톱으로 자신의 몸을 나무에 고정한다.

판다는 앞발로 나무를 끌어안고 뒷발로 걷듯이 이동한다.

레서판다는 전진하듯 머리가 먼저 아래로 내려온다.

야생동물의 경우 사람이 깊이 관여하면 오히려 탈이 난다. 사육사는 걱정이 앞서지만 어미가 가르치는 대로 지켜보며 모두 자연의 순리라는 것을 인정해야 한다. 다만 아기 판다가 높은 곳에 오르다 떨어졌을 때 다칠 만한 장애물은 없는지 미리 확인하고 제거하거나 완충 조치를 하는 것이 마음 씀씀이의 전부다.

푸바오가 높은 곳에서 떨어지면 다칠 수 있지 않나요? 아이바오는 왜 위험한 행동을 말리지 않나요?

수많은 걱정과 질문이 쏟아졌다. 사실 푸바오를 지켜보는 사육사의 마음도 조마조마하고 어쩌다 조금 높은 곳에서 떨어질 때면 아찔하다. 하지만 운명적으로 나무에 올라야 하는 동물이고, 아기 판다가 나무 타기 훈련을 집중적으로 해야 하는 시기다. 푸바오 스스로 노력하지 않고서 갑자기 나무 타기 실력을 얻을 수는 없다.

푸바오는 나무에 조금만 오르고 훈련을 마치는 일은 없다. 점차 높이 오르는 것은 물론이고 자신의 체중을 실을 수 있는 한계까지 높이 올라가서도 더 오르지 못해 아쉬운 듯 또 도전한다.

영장류도 아닌 녀석이 어설픈 몸짓으로 나무에 오를 때는 마음속으로 계속 조심, 조심, 또 조심을 외친다. 그게 전부다.

아이바오도 나도 푸바오를 만류하지 않는다.

모든 생명체가 다 그러하다. 안전한 것만 강조하며 아무것도 하지 않으면 모든 것을 포기하는 것이나 마찬가지다.

'거북이는 제 목을 걸어야 전진할 수 있다'라는 말이 있다. 위험을 감지했을 때 거북이는 단단한 등딱지 안으로 재빠르게 머리를 집어넣는다. 그러면 자신을 보호할 수 있다. 그러나 안전을 위해 계속 머리를 등딱지 안에만 넣어 둔다면 한 발자국도 나아갈 수 없다.

푸바오는 나무 타기를 배우며 아이바오와 할부지의 마음을 여러 번 졸이게 했지만 스스로 나무에 오르는 연습을 거듭해 이제 아주 높은 곳까지 능숙하게 나무에 잘 오르는 멋진 판다가 되었다. 젖을 배불리 먹고 나면 편안하게 위험을 피해 나무 위에서 쉴 수 있는 자유와 안전을 자신의 힘으로 얻었다.

아이바오도 나무 위에서 편하고 안전하게 쉬는 푸바오를 믿고 자신도 편안하게 대나무를 먹으며 자유를 누린다.

할부지 사육사도 예측불허인 푸바오를 많이 걱정하지만 푸바오를 믿고 지켜보며 늘 응원할 뿐이다. 그래야 푸바오가 판다로서 판다다운 삶을 살아갈 수 있기에.

이제 푸바오는 나무 타기 신동이 되어
스스로 위험에 맞서고 자신을 보호할 줄 아는
멋진 어른 판다로 성장하는 중이다.

푸바오와의
퇴근 전쟁

동물에게 출근과 퇴근이라는
개념이 있을까? 해가 뜨면 먹이를 구하러 나가고 해가 지면
잠자리를 찾아 몸을 뉘고 잠드는 것이 자연에서 야생동물들
의 출근과 퇴근이라 할 수 있을 것이다. 고정된 집을 정해 드
나들고 쉬는 것은 사람들이 만든 기준의 출퇴근 개념이다.

동물들은 종의 특성에 따라 주행성과 야행성, 주야행성이
있고 잠자리를 찾거나 만드는 것도 동물마다 다르다. 침팬지
와 오랑우탄 같은 유인원은 주로 나무 위에 가지를 휘어 푹신
한 잠자리를 만든다. 초식동물은 몸을 숨기고 도피하기 쉬운
곳에서 잠자리를 찾는다. 일반 조류는 높은 나뭇가지 위에서,
수조류는 주변이 물로 둘러싸인 돌이나 바위 위에서 천적의

접근을 피해 휴식하고 잠든다.

판다는 주로 자신의 몸무게를 감당할 수 있는 나뭇가지를 이용한다. 가능한 가장 높이 올라가 나뭇가지 사이에 가랑이를 끼워 고정하고 나뭇가지를 끌어안고 잠을 잔다. 또한 주야행성이기 때문에 낮에도 활동하고 잠자고 대나무를 찾아 먹지만 밤에도 잠을 자다가 두세 차례 일어나 대나무를 먹는다.

동물원에 사는 동물들은 대부분 정해진 시간에 출근과 퇴근을 한다. 물론 실내외 놀이터에서 자연스럽게 수면과 휴식을 취해도 좋겠지만 사육사들이 퇴근한 뒤 동물들의 안전을 위해 내실로 이동한다. 동물들이 내실로 이동하면 사육사들은 실내외 놀이터를 깨끗하게 청소하고 이상 유무를 점검한다.

바오 가족은 보통 아침 8시에 사육사를 만난다. 아침 식사와 영양제를 먹고 9시 30분 정도가 되면 실외 놀이터로 이동해 대나무를 먹고 활동한다.

봄, 가을, 겨울에는 아침 기온이 높지 않아 문제가 없지만 여름에는 더워지기 전에 실내 놀이터로 들어오게 한다. 판다는 더위라면 질색하기 때문이다. 오후 낮잠을 즐기고 나면 실외 놀이터에 한 번 더 나가는데 날씨가 덥지 않으면 실외에 나가는 활동이 판다들에게는 가장 즐거운 시간이다. 결국 루틴을 어떻게 정하느냐가 관건인데 사육사가 관리 가능한 범위

내에서 동물들의 습성과 안전, 건강을 고려해 루틴을 만들어 준다.

 가장 문제가 되는 시간은 출근보다 퇴근이다(실외 놀이터에서 실내 놀이터로 들어오게 할 때도 포함된다). 대나무를 실컷 먹어야 하는 어른 판다는 먹이를 이용해 유인할 수 있는데 어린 판다는 이동시키기가 쉽지 않다.

 푸바오가 아직 젖을 먹던 시기에는 하루에 한두 번 정도 젖을 먹으면 그 외 시간은 주로 나무 위에서 잠을 자며 시간을 보냈다. 퇴근 시간이 다 되어서도 푸바오가 나무 위에서 자고 있으면 아이바오는 내려오라며 소리를 내서 부른다. 푸바오가 깊이 잠들어 내려오지 않으면 아이바오는 애타게 부르다 지쳐 혼자 내실로 들어가 버린다.

 푸바오가 배가 고파 스스로 나무에서 내려오지 않으면 방법이 없다. 사육사도 방법이 없긴 매한가지다. 그저 기다리는 수밖에. 결국 할부지의 퇴근 시간은 푸바오가 결정하는 셈이다.

 푸바오가 처음 아이바오를 따라 실내 놀이터로 나가기 전 큰 느티나무 가지에 오름 방지판을 설치했다. 높이 올라가는 것을 예방하기 위해 나무에 아크릴 원통을 둘러 푸바오의 발톱이 걸리지 않도록 한 것이다. 이때 푸바오는 주로 미끄럼틀 위나 낮은 엄마나무(실내 놀이터에 있는 키 작은 나무의 애칭)에서 잠을 잤다.

푸바오는 첫 번째 겨울을 보내고 봄이 슬그머니 다가올 때 처음으로 실외 놀이터에 나갔다. 3월의 햇살을 맞으며 바깥 세상에 나가니 새로운 세상이 펼쳐졌다. 푸바오는 시원하고 산뜻한 공기, 날아다니는 새들, 높은 하늘과 둥둥 떠다니는 구름, 날씨에 따라 변하는 외부 환경의 모든 것을 신기해했다.

실외 놀이터에는 실내 놀이터와 달리 아주 높은 나무가 있다. 푸바오는 나무 꼭대기까지 올라가 사육사 할부지의 심장을 쪼글쪼글하게 만들곤 했다. 신기하게도 자신의 체중을 싣고 올라갈 수 있는 두께의 나뭇가지를 가늠해 가장 높은 곳까지 올라간다.

그러던 어느 날, 문제가 생겼다. 푸바오가 나무 꼭대기까지 올라가 아이바오가 실내 놀이터로 들어가자고 부르고, 내가 내려오라고 아무리 소리쳐도 늦게까지 내려오지 않았다(오전 10시에 높은 나무 위로 올라가 밤 8시가 되어서야 내려왔다). 누굴 뭐라고 하겠는가? 이것이 자연이고, 이 또한 판다의 습성인 것을.

하지만 이런 일이 반복되면 너무 위험하다는 생각이 들어

당분간 푸바오가 실외 놀이터에 나가는 것을 금지했다. 아이바오가 실외 놀이터에 나가서 먹이를 먹고 들어오는 시간까지 푸바오는 실내 놀이터 나무 위에서 낮잠을 자며 엄마를 기다렸다.

판다 모녀의 퇴근 시간은 보통 오후 5~6시 정도다. 푸바오의 몸무게가 10킬로그램 정도였을 때까지는 아이바오가 뒷덜미를 물어서 들고 내실로 이동했다. 그러나 점점 체중이 늘자 아이바오는 '아빠, 푸바오 퇴근 좀 부탁드려요' 하듯 사육사에게 푸바오를 맡기고 먼저 내실로 들어가 버리곤 했다. 이렇게 되면 푸바오의 퇴근은 할부지들 몫이다.

"푸바오, 퇴근하자! 얼른 내려와!"

푸바오가 퇴근 시간까지 자고 있으면 잠자는 녀석을 깨워 잠시 놀아 주다가 안아서 내실까지 퇴근시켰다.

어린 시절 푸바오의 퇴근은 순조롭지 않았다. 내실에 들어가지 않고 더 놀고 싶다고 떼를 쓰며 탈주극이 벌어지곤 했다. 제일 어려운 것은 높은 나뭇가지 위로 줄행랑을 칠 때다. 그러면 쫓아 올라갈 수 없어 닭 쫓던 강아지마냥 나무 아래에서 허탈하게 기다려야 한다. 그래서 푸바오가 자고 있을 때

조용히 다가가 부드럽게 깨운 다음, 나무에 올라가지 않게 놀아 준다. 이렇게 해도 내실 문까지 데려다주면 뒤돌아 도망치기 일쑤였다.

어린 푸바오에게 퇴근 전쟁은 재미난 놀이였다. 사실 나에게도 푸바오와의 퇴근 시간은 가장 행복한 시간이었다. 깨물어 주고 싶을 정도로 귀엽고 앙증맞은 푸바오와 놀 수 있는 시간이 그리 길지 않다는 걸 알았기 때문이다.

당시 수많은 사람들이 푸바오의 귀여움에 깊이 빠져들었다. 푸바오의 몸을 한 번만이라도 쓰다듬어 보고 싶다는 이야기를 참 많이 들었다. 푸바오와 놀이를 통해 많은 분들에게 그나마 대리 만족을 줄 수 있어 다행이라는 생각이 든다.

푸바오의 몸무게가 60킬로그램을 넘어서자(16개월 이후) 안아서 퇴근하는 게 쉽지 않았다. 게다가 장난을 치거나 반항아 기질을 보이는 푸바오에게 사육사가 다칠 수도 있어 주의와 집중이 필요한 시기였다. 아기 판다와의 퇴근 전쟁은 이렇게 서서히 막을 내렸고 푸바오도 퇴근 루틴에 적응하기 시작했다. 대나무를 잔뜩 먹어도 다섯 시간이 지나면 배설하고 다시 배고파지는 판다의 습성에 푸바오도 익숙해졌기 때문이다.

사랑스러운 푸바오와 좀 더 많은 시간을 보내고 싶지만 야생동물에게 사육사의 인위적인 개입은 일정 수준에서 조절하고 멈춰야 한다. 야생동물은 보호를 받으며 동물원에 있지만 그들만의 습성을 지니고 살아갈 수 있도록 해 주는 것도 동물원과 사육사들의 과제인 셈이다.

이제는 더 이상 푸바오를 안아 주거나 가까이 할 수 없어도 우리는 서로를 오래도록 기억할 것이다. 퇴근 전쟁이라고 표현된 놀이 속에 쫓고 쫓기며 서로의 진심을 충분히 느꼈으니까. 그렇게 나눈 정은 헤어진다고 떼어지는 게 아니라 영원히 마음속에 간직할 테니까. 푸바오, 너도 알고 있잖아. 그치?

○ 사람과 동물이 더불어 살아가려면
정해진 루틴과 규칙을 지켜야 한다.
이는 서로 공존하며 자연의 한 식구로
오래도록 함께할 수 있는 방법이다.

돌잔치를
하다

2021년 7월 20일, 푸바오가 태어난 지 딱 1년이 되는 날이다. 많은 축하객과 기자단을 초청해 돌잔치를 했다. 돌잔치의 하이라이트인 돌잡이도 했다. 워토우(행복)와 사과(인기), 당근(건강), 대나무(장수) 네 가지를 준비했다(워토우는 여러 가지 곡류 가루를 섞어 만든 빵으로, 대나무만 먹는 판다의 부족한 영양분을 채워 주는 부사료다).

나는 푸바오라는 이름이 '행복을 주는 보물'이라는 뜻인 만큼 행복을 상징하는 워토우를 잡기를 은근히 바랐다. 푸바오가 어디에 있든 평생 행복했으면 하는 바람이랄까.

내 품에 안겨서 무대 위로 나온 푸바오는 주변 환경에 긴장한 듯 보였다. 돌상 위에서 어리둥절해하다 나에게 의지하며 조금씩 적응했다. 나는 사과와 워토우, 당근을 순서대로 푸바오에게 안겨 주며 관심을 유도했다.

푸바오는 엄마 아빠가 그리도 좋아하는 사과와 당근은 관심 없다는 듯 놓아 버리고 워토우를 덥석 받아 꼭 끌어안았다. 언제나 행복하기를 응원하는 할부지 사육사의 마음을 읽은 것일까?

푸바오는 첫돌을 맞으며 몸무게가 40킬로그램에 이르렀다. 197그램으로 태어나 1년 만에 무려 200배 이상 성장했다. 믿기 어려울 만큼 잘 성장했고 많은 사람들에게 희망과 힐링을 선물했다. 정말 이름대로 행복을 주는 보물이다.

푸바오는 걷기 시작하며 큰 변화를 경험했다. 분만실을 나와 아이바오가 사용하던 일반 내실로 이동했고, 내실에서 이동 통로, 실내 놀이터, 실외 놀이터 순으로 잘 적응했다. 12개월을 넘기며 대나무를 맛보는 단계에서 먹을 수 있는 단계로 성장했다. 표범도 쫓아버릴 지독한 푸바오의 응가 냄새는 주식이 대나무로 전환되며 점차 약해졌다. 드디어 아기 판다 푸바오가 찐 판다가 되어간다.

지난 1년 동안 푸바오가 해낸 일 중 가장 으뜸은 나무 타기다. 생후 5개월쯤 걷기를 터득하고 무수히 실패를 거듭하며

푸바오는 돌잡이로 행복을 의미하는 워토우를 골랐다.

높은 곳에 오르는 연습 끝에 나무 타기 능력자로 거듭났다.

푸바오가 어엿한 판다로 잘 성장할 수 있었던 건 모두 아이바오 덕분이다. 실패를 훈련으로 인정해 주는 아이바오의 육아법은 정말 훌륭하다. 푸바오가 높은 곳에서 떨어지거나 놀라서 엄마에게 달려가면 아이바오는 언제나 푸바오 편이었다. 처음에는 안전을 생각해 무리하게 높이 올라가려는 푸바오를 제지하기도 했지만 절대 먼저 나무 위에 올려 주거나 도와주려 하지 않았다. 푸바오가 스스로 터득하고 배울 수 있도록 믿고 기다려 주었다. 이런 지지와 신뢰의 교육 방식은 어쩌면 사람들이 본받아야 할 육아법이 아닐까?

푸바오가 태어나고 성장한 1년 동안 나도 무척 바빴다. 푸바오의 성장 다이어리를 에버랜드 채널에 매주 업로드했고 바오 가족의 일상을 촬영해 동물원 유튜브에 '전지적 할부지 시점'이라는 타이틀로 바오 가족의 소식을 꼬박꼬박 전했다. 푸바오의 예쁜 사진들을 모으고 글을 직접 써서 포토 에세이를 출간하기도 했다.

이런 다양한 활동들은 나에게 정말 큰 기쁨이었다. 많은 사람들에게 판다를 알리는 기회가 되었고, 바오 가족을 사랑하는 팬이 생기고, 판다월드를 정말 많은 분들이 찾아와 주셨다. 푸바오를 안고 자랑할 수 있었던 모든 순간들이 아주 소중하다.

어느 날엔 시인 한 분이 판다월드에 오셔서 자신의 시집을 선물해 주셨다. 책에는 사인과 함께 '사람들이 푸바오를 바라볼 때 푸바오는 사육사님만 보고 있네요'라고 쓰여 있었다. 너무도 고맙고 감사했다. 내가 하고 있는 일에 큰 자부심과 자존감을 가질 수 있는 계기가 되었다.

아기 판다의 탄생 소식을 영상으로 접했던 사람들이 판다들을 보기 위해 현장으로 몰려들었다. 갖가지 사연을 가진 사람들이 판다들을 보며 힐링하고 치유받았다며 바오 가족을 대신해 할부지 사육사에게 감사를 전했다.

"판다의 임신 소식을 듣고, 번식 성공을 기원하며 십자수를 놓기 시작했어요. 그리고 저도 아기를 갖게 되면서 푸바오를 통해 태교를 했답니다. 그때 수놓았던 십자수를 액자로 만들었어요. 덕분에 건강한 딸을 순산했답니다."

"불면증으로 몇 년째 힘들었어요. 병원 치료를 받던 중 푸바오라는 아이를 알게 되었어요. 거짓말처럼 푸바오를 만나며 불면증이 나았고, 이제는 멸종위기 동물을 보호하는 데 동참하고 있어요."

"우울증이 심해 꾸준히 치료를 받고 있었어요. 힘든 생각도 하곤 했지요. 그러던 어느 날 TV에서 꼬물꼬물 귀여운 생명체 아기 판다를 접하게 되었어요. 너무 예뻐서 직접 보고 싶어 동물원에 오기 시작했고, 매일 아기 판다를 만나면서 우울증이 사라졌어요. 수전증이 심했는데 아기 판다를 촬영할 때는 손이 전혀 떨리지 않아요. 이제는 약도 병원도 모두 끊고 정상적인 생활을 하게 되었어요."

"74세 뿌딩이에요. 삶에 낙이 없고 흥미가 사라졌는데, 요즘은 아기 판다 영상을 보며 낙을 찾았어요. 영상을 몇 번씩 돌려 보는 것이 일과예요. 몇 번을 봐도 재미있고 행복해요. 아기를 잘 키워 주셔서 너무 감사합니다."

하루에도 몇 번이나 소중한 사연을 정성껏 쓴 편지를 받고, 포토 에세이에 사인을 받으러 찾아와 주시는 많은 손님들은 내게 언제나 큰 힘을 준다. 사육사로서 걸어온 기나긴 세월 중 가장 풍성한 행복을 선물받고 매일매일이 감사한 1년이었다.

푸바오,
이제 독립합니다!

푸바오의 독립 준비는 500일을 넘기며 본격적으로 시작되었다. 엄마 곁을 떠나 홀로 지낼 날을 위해 최종 수업을 받는 것이다. 이제 스스로 먹이를 구해 먹고, 천적의 공격을 빠르게 인지하고 방어해야 한다. 변화무쌍한 고산 지대의 기후로부터 자신을 지킬 줄 알아야 한다.

푸바오의 성장 과정을 보면 자연의 위대함을 새삼 느끼게 된다. 또한 빼고 더할 것도 없이 운명처럼 발현되는 과학의 힘을 실감하기도 한다. 어쩜 그렇게 성장 과정의 정해진 일정들을 꼬박꼬박 맞춰서 자라는 걸까?

푸바오가 7개월이 되었을 즈음, 안락한 엄마나무에 올라 아이바오를 밀어내고 버젓이 잠을 잤다. 추방당하듯 아래로 내려온 아이바오는 셸터 등받이 나무를 죽부인 끌어안듯 안고 잠을 잤다. 자신의 자리를 차지한 푸바오가 밉기도 하련만 주변에서 떠나지 않고 아기가 안전하게 잠들 수 있도록 지켜주는 엄마의 마음이었을 것이다.

그런데 이제 아이바오가 푸바오를 밀어내고 엄마나무를 차지한다. 늘 잠자리로 삼던 엄마나무에서 쫓겨난 푸바오는 자신의 잠자리를 새로 정해야 한다. 이제 네 일은 네가 알아서 하라는 엄마 판다의 신호다.

어미가 독립을 위해 새끼에게 많은 것을 가르치고 전수할 때 사육사도 어미의 육아와 유사한 방법으로 새끼를 돌봐야 한다. 동물에게 마냥 잘해 주고 간섭을 많이 하다 보면 독립을 앞둔 새끼에게 득보다 실이 많다.

2021년 겨울이 시작될 무렵, 푸바오는 어른 판다로 거듭나기 위해 3차에 걸쳐 예방접종을 받았다. 그리고 엄마가 먹는 당근과 사과, 워토우도 먹기 시작했다.

대나무 외의 부사료 맛을 알아버린 푸바오는 종종 아이바오의 당근이나 워토우를 탐내고 호시탐탐 뺏어 먹을 기회를 엿보는 '푸발장'이 되었다. 맛난 간식을 두고 엄마와 경쟁하는 관계가 된 것이다. 실내외 놀이터에서 아이바오의 당근이나 워토우를 훔쳐 달아나는 푸바오의 모습이 많은 사람들에게 웃음을 주기도 했다. 그런가 하면 푸바오의 입 안에 있는 당근까지 뺏어 먹으려는 아이바오와 투닥거리는 모습도 큰 즐거움을 주었다.

드디어 푸바오가 몸무게 60킬로그램을 초과하고 엄마와 쟁탈전이 심해지자 푸바오만 올라갈 수 있고 필요할 때 엄마를 피해 쉴 수 있도록 플레이봉을 만들어 주었다. 몸무게가 아직 가볍고 균형 감각이 뛰어난 푸바오는 요리조리 엄마를 피해 플레이봉을 건너며 여유를 즐긴다. 사육사의 의도를 잘 알고 이용해 주니 얼마나 기쁘던지.

"누가 푸바오예요?"

푸바오가 놀이터의 나무 위나 미끄럼틀에서 자고 있으면 이렇게 묻는 사람들이 많아졌다. 아기 판다는 어디 있냐며 찾는 손님들에게 무색할 정도로 푸바오는 빠르게 성장했다. 아이바오와 푸바오의 크기가 비슷해지면서 구분하기 어려운 상황이 된 것이다.

나란히 앉아서 대나무를 먹거나 장난을 치고 있으면 그나마 구분할 수 있다. 좀 더 귀여운 느낌이 나거나 약간 작아 보이는(사실 색으로 구분하는 분들도 많다) 판다가 아기 판다 푸바오구나, 하고 짐작한다.

그런데 나무 위에서 나란히 자고 있거나 서로 떨어져 잘 때 움직임이 없으면 누가 어른이고 아기인지, 누가 아이바오고 푸바오인지 구분이 어렵다.

800일이 될 즈음, 푸바오의 체중이 80킬로그램을 넘어섰다. 이제야 처음 목표한 자이언트판다의 국내 번식 성공의 종착점에 도착한 기분이다. 체중 외에도 어른 판다로서 손색 없이 성장한 푸바오는 아이바오에게 판다로서 살아가는 데 필요한 모든 것을 배우고 진정한 독립을 하는 단계에 이르렀다.

그동안 나무 타기를 하며 수없이 바닥으로 떨어지는 동안 푸바오를 바라보며 한숨을 내쉬었던 적이 어디 한두 번이던 가? 아이바오에게 공격 방어 훈련을 받으며 실전 같은 격투로 보는 이들을 조마조마하게 만들기도 했다.

푸바오는 성장하며 자신의 귀여운 존재감을 널리 알리고 SNS 스타로 자리를 굳히며 지쳐 있는 많은 사람들에게 힐링을 선사했다. 푸바오의 선한 영향력은 이루 말할 수 없이 많다. 이름답게 푸바오는 많은 사람들에게 행복을 안겨 주고 있다.

특히 푸바오를 통해 가장 큰 행복을 선물받은 사람은 바로 나다. 우선 사육사 생활 30년을 넘기며 마지막으로 꿈꾸었던

어느 쪽이 아기 판다일까?
2022년 3월, 야외 놀이터에서 함께 대나무를 먹고 있는 아이바오(왼쪽)와 푸바오(오른쪽)

2022년 5월, 제법 몸집이 비슷해진 푸바오(왼쪽)와 아이바오(오른쪽)

국내 최초로 판다의 번식을 성공시키겠다는 목표를 이뤄 줬다는 점이다. 아이바오와 육아를 병행하며 고비도 많았지만 잘 자라 준 푸바오 덕분에 나는 매일매일이 행복했다.

그러나 따뜻한 햇살 뒤에 따라붙는 그림자처럼 걱정과 부담 또한 내 몫이었다. 1997년에는 중국 전문가와 선배 사육사들이 있어 호기심으로만 바라보았다. 내가 담당하게 된 2016년부터는 상황이 달랐다. 수많은 준비에도 불구하고 번식에 실패하고 다시 준비하던 시기의 크나큰 부담들, 어렵게 아이바오와 러바오가 짝짓기를 성공하고 임신 여부에 촉각을 곤두세우며 지낸 120일, 초기 생존율이 낮은 아기 판다를 노심초사 돌보며 지켜보던 나날들, 팬이 생기면서 더욱 집중되는 시선들. 아기 판다의 성장 과정마다 처음 마주하는 어려움과 고비는 늘 친구처럼 함께였다.

사실 모두가 처음이었다. 사육사인 나도 판다 번식이 처음이었고, 아이바오와 러바오도 사랑이 처음이었고, 아이바오는 임신과 출산, 육아가 처음이었다. 아기 판다 푸바오도 이 세상이 처음 아닌가?

그렇지만 내게는 판다들에 대한 믿음이 있었고, 아이바오와 러바오에게는 사육사인 내가 있었고, 푸바오에게는 엄마 아이바오가 늘 버팀목이 되어 주었다. 모두가 톱니바퀴처럼 서로 힘이 되고 의지하는 든든한 지지자였다. 우리가 사는 세상처럼 말이다. 그렇게 우리는 낯선 길을 뚜벅뚜벅 함께 걸어왔다.

판다의 번식 성공은 아기 판다의 탄생이 아니라 아기 판다가 잘 성장해 엄마 판다에게서 독립해 홀로서기에 도달하는 지점까지다. 25개월이 넘는 긴 육아를 마치고 진짜 이별의 순간이 다가왔다. 6주간 아이바오와 푸바오가 떨어져 있는 시간을 점진적으로 늘려가며 이별 연습을 했다.

아이바오는 먹지도 않고 푸바오를 찾았다. 푸바오도 엄마를 찾아 신음에 가까운 소리를 내며 아이바오의 흔적을 쫓았다. 엄마 판다와 아기 판다가 내는 소리는 서로를 찾는 소리로 들리다 결국 내게는 서로를 돌려달라는 소리로 들렸다.

사람들은 내게 하소연한다. 저렇게 힘들어하는데 왜 독립을 시켜야 하나요? 왜 모녀를 생이별시키나요? 서로를 이렇게나 좋아하는데 왜 관계를 끊으려 하나요? 그냥 함께 살면 안 되나요?

가장 힘든 사람은 이별을 하게 해야 하는 사육사인데 안타까운 한탄은 모두 내 몫이다. 동물 종의 특성상 단독 생활을 해야 하는 운명이라고, 보통 18개월에 독립을 시키는데 푸바오는 이미 아이바오와 충분한 시간을 보냈다고, 더 함께 사는 것은 아이바오나 푸바오에게 좋지 않다고 설득에 설득을 거듭하고 나서야 원망은 수그러들었다.

야생에서의 아기 판다의 독립은 사실 좀 더 자연스럽다. 아기가 잠든 사이 엄마 판다는 먹이를 찾기 위해 멀리 이동하며 점차 거리를 넓힌다. 이렇게 서로 떨어져 있는 시간이 늘어나면서 서서히 각자 단독 생활을 하는데, 이를 서로가 감지하게 되는 단계가 있다.

그러나 넓지 않은 공간에서 늘 함께 있는 동물원의 경우, 어쩌면 환경의 제약으로 독립 시기가 자연스럽지 못한 것은 당연한 사실이다. 그렇다 할지라도 서로 독립을 해야 하는 판다의 습성을 이해하고 따라 주어야 하는 것이 사육사로서 의무다.

사실 매주 업로드 하는 유튜브 '전지적 할부지 시점'을 통해 여러 차례 사전 설명을 했기 때문에 고정 팬들은 잘 이해해 주었다. 단지 판다에 대해 잘 모르는 분들이 안타까운 마음에 푸바오의 독립을 부정하는 것이었고, 팬들이 적극적으로 댓글을 달아 주시고 상황을 잘 설명해 주어 얼마나 고마운지 모른다.

애타게 서로를 찾던 아이바오와 푸바오, 그 모습을 지켜보는 사육사 할부지 모두 힘든 시간을 잘 참아 냈다. 푸바오는

15일 만에 젖을 포기하고 홀로서기에 적응했다. 아이바오는 푸바오의 흔적이 담긴 놀이터를 몇 날 며칠 샅샅이 누비며 아기를 찾아다녔다. 아기를 포기하지 못하던 아이바오는 푸바오의 독립 후 한 달이나 지나서야 호르몬 변화에 적응하며 순응하기 시작했다. 그날이 바로 푸바오가 태어난 지 800일째 되던 날이었다.

아이바오와 푸바오 모두 평온을 되찾자 나도 마음의 부담을 덜어내고 평온을 찾았다. 아빠 판다 러바오도 여름 내내 무기력으로 늘어지던 몸을 추스르며 온몸으로 가을을 흠뻑 느끼며 발 빠른 활동력과 식욕을 돋운다. 가을맞이 외에도 무엇인가 준비해야 한다는 것을 알았다는 듯.

그리고 푸바오는 엄마와의 독립을 마무리한 후 아쉬움으로 할부지에게 더욱 의지하기 시작했다. 푸바오의 진정한 독립은 할부지로부터의 독립인지도 모르겠다. 더 이상 기댈 곳을 만들어 주지 않고 온전히 홀로 설 수 있도록 환경을 조성해 주는 것이 할부지가 푸바오에게 마지막으로 해 줘야 할 성장의 최종 단계다.

2022년 8월 31일, 푸바오(왼쪽)에게 마지막으로 젖을 먹이는 아이바오(오른쪽)

푸바오!

그동안 엄마에게서 모든 것을 충분히 배웠어.

너는 세상 어느 아기 판다보다 사랑을 받으며

오랜 기간 훌륭한 엄마와 함께했단다.

이제 진정으로 홀로 서서 푸바오의 판생을 멋지게 살아가렴.

할부지는 알고 있단다. 넌 잘할 수 있다는 것을.

언제나 할부지는 너의 곁에서 응원할 거야.

프로 대나무 서리꾼, 푸바오

"맙소사! 푸바오, 하지 말라고!"

오늘도 푸바오는 실외 놀이터에 둘러진 대나무를 서리하는 중이다. 수컷 판다도 하기 어렵다는 서기 자세로 쇼핑하듯 대나무를 고르다 내게 딱 걸렸다. 나의 만류로 오늘은 실패했지만 푸바오의 대나무 서리는 멈추지 않을 것으로 보인다.

판다들은 왜 이렇게 대나무를 좋아할까?

아삭아삭, 와그작와그작…… 바오 가족이 대나무를 맛있게 먹는 소리는 ASMR이 따로 없다.

판다는 대나무를 먹는다. 정말 많이 먹는다. 판다의 하루 채식량 비율로 따지자면 대나무를 먹는 비율은 99퍼센트에 가깝다. 대나무에 대한 의존도가 도를 지나칠 정도로 높다.

대나무의 종류는 굉장히 다양하다. 대나무는 볏과 여러해살이풀로 줄기가 날카롭고 단단하며 잎도 가는 톱날처럼 뻣뻣하고 날카로운 끝 면을 가지고 있다. 따뜻한 기후를 좋아해 한국에서는 남부 수종으로 주로 대전 이남 지방에 서식한다. 봄이 되면 그물망처럼 성긴 땅속 뿌리에서 죽순이 자라나 한 달여 만에 평생 클 키가 다 자라는 속성 성장 식물이다.

여러 번 얘기했지만 판다는 식육목 곰과에 속하는 육식동물의 신체 구조를 가지고 있다. 그런데 왜 판다는 대나무를 먹게 되었을까? 오래전 기후 변화로 먹잇감이 사라지자 육식을 포기하고 초식을 선택하게 되었다고 한다. 특히 행동이 재빠르지 않은 판다의 경우, 선택의 여지가 더욱 좁았다.

그럼 판다는 주변에 많은 식물 중 왜 하필 대나무를 선택했을까? 판다들이 주로 서식하던 지역에서 대나무는 겨울에도 잎이 지지 않아 사계절 굶주림 없이 쉽게 구할 수 있었기 때문이다. 판다들은 이미 고기의 감칠맛을 느끼는 DNA가 사라진 지 오래였고, 육식동물이지만 고기 맛을 모르는 초식성 동물이 되었다.

세상의 모든 아기들은 부모의 행동을 모방하며 세상을 배운다. 아기 판다도 걷기 시작하는 단계가 되면 줄기차게 대나

2022년 9월, 놀이터에 심어진 대나무를 서리 중인 푸바오

무를 먹어대는 엄마 판다의 행동을 보고 대나무에 관심을 갖는다. 엄마 곁에서 호기심에 대나무를 만지작거리고 입에 넣어 씹어 보며 대나무와 인연을 맺는다. 이렇게 대나무 향을 느끼고 점차 치아가 생기고 턱관절과 근육이 형성되면 잎부터 먹기 시작한다. 이때가 되면 이제 변에서 조금씩 초록색 대나무 잎이 소화되지 않은 상태로 발견된다.

푸바오가 대나무를 오물거리며 씹기 시작하고 삼키던 시기에 입 안에서 푸른 흔적을 발견했던 모습이 아직도 생생하다. 아이바오가 먹고 있는 대나무를 당겨 씹어 보다 빼앗기기도 하고, 이에 굴하지 않고 다시 아이바오의 대나무를 탐하기도 했다. 푸바오는 엄마 주변의 수많은 대나무를 두고 꼭 엄마가 먹고 있는 대나무를 욕심내는 말괄량이였다.

엄마를 따라 대나무 잎을 씹어 보고, 향으로 맛을 익히고, 그러다 대나무 즙도 삼켜 본다. 변에 대나무 흔적이 보이고, 잎을 먹고, 줄기의 껍질을 벗겨 보고, 줄기를 먹기 시작하는 단계를 거치며 드디어 대나무 맛을 알게 되면서 아기 판다는 평생 먹어야 하는 대나무와의 밀월 관계라는 운명을 받아들인다.

아기 판다가 대나무를 먹기 시작하면 젖에 대한 의존도가 낮아진다. 엄마 판다 곁에서 장난을 치고 재롱을 떨어 보지만 엄마 판다는 묵묵히 맛난 대나무를 골라 먹을 뿐이다. 엄마 판다가 관심을 주지 않으면 결국 아기 판다도 함께 대나무를 뜯고 씹고 맛보며 패턴을 맞춰 간다. 놀아 주지 않는다고 엄마를 원망할 수는 없다. 성장 속도가 빠른 아기 판다를 위해 영양 많은 젖을 생산하려면 더욱 질 좋은 대나무 채식이 절실한 시기이기 때문이다.

판다가 가장 좋아하는 대나무는 땅속줄기에서 올라오는 죽순이다. 죽순은 봄에 자라는데 많은 영양분을 함유하고 있으며 살이 연하다. 또한 단맛이 있고 지면에서 올라오기 때문에 적은 노력으로 쉽게 먹을 수 있다는 장점도 있다.

판다들이 대나무를 먹는 소리는 곁에서 들으면 맛이 보일 정도로 정말 맛있게 들린다. 특히 죽순을 와그작와그작 먹을 때는 방그레 웃는 것처럼 보이기도 한다. 죽순 씹는 소리는 식성을 자극하는 것은 물론 함께 먹고 싶을 정도다. 먹방 요정인 판다들에게 죽순이 자라는 봄은 가장 행복한 계절이 아닐까?

어릴 적 고향 집 뒤로 병풍처럼 펼쳐진 대나무밭이 있었다. 죽순을 채취해 들깻가루를 듬뿍 넣어 만들어 주시는 어머니의 죽순 요리는 일품이었고, 겨울엔 왕대를 잘라 활을 만들고 설죽 줄기로 화살을 만들어 사냥놀이를 하며 시간을 보내기도 했다.

푸바오가 호시탐탐 노리는 실외 놀이터에 둘러진 대나무 사이에서 돋아난 죽순

엄마를 따라 대나무를 맛보며 놀았던 푸바오

대나무밭에서 뛰어놀던 경험은 지금 판다를 돌보는 데 필수인 대나무를 잘 다루고 선별하는 작업에 많은 도움이 되었다. 그래서 세상에 쓸데없는 경험은 없나 보다. 우리가 경험한 아주 작은 일이 삶에 큰 변화를 가져오는 강력한 수단이 되기도 한다.

판다는 기후 변화에 따라 대나무를 먹는 부위도 다르다. 봄에는 죽순을 가장 좋아하고 많이 먹는다. 이 시기에는 겨울 동안 대나무가 찬바람을 맞아 상태가 좋지 않기 때문에 영양분이 많은 죽순은 판다에게 최고의 선물이다.

여름으로 가면서 새잎이 돋고 죽순에서 자라난 부드러운 가지가 있지만 판다는 1년생 줄기를 먹지 않는다. 아직 맛이 들지 않아 풋내가 나기 때문이다.

여름이 무르익으면 가을까지 새로 난 잎이 어느 정도 맛을 내기 시작해 잎을 선호한다. 그리고 겨울이 오면 잎의 영양분과 수분이 줄기와 뿌리로 이동하는 시기여서 줄기를 더 좋아한다.

판다들이 대나무 줄기를 먹을 때는 잘 휘어지는 대나무의 성질을 이용해 힘으로 당긴 다음, 강한 이빨을 이용해 부러뜨리고 적당한 크기로 잘라 먹는다. 줄기는 껍질이 날카롭고 단단해서 송곳니 안쪽에 있는 이빨을 이용해 껍질을 벗겨 속살을 먹는다. 이 모습은 어린 시절 옥수숫대를 벗겨 속살을 씹어 단맛을 즐기던 모습과 유사하다. 실제로 판다들과 단맛이 나는 옥수숫대를 함께 나눠 먹기도 했다.

판다도 오른손잡이와 왼손잡이가 있다. 아이바오는 왼손을 주로 사용하고, 러바오와 푸바오는 오른손을 사용할 때가 많다.

대나무 잎을 먹을 때는 먼저 가지를 잡고 입으로 잎을 따서 모은다. 그런 다음 입에 모은 잎을 손으로 옮겨 잡고 적당한 크기로 잘라 씹어 먹는다. 이때 한쪽 이빨만 쓰지 않고 좌측과 우측을 번갈아 한 번씩 씹어 먹는 행동도 관찰력이 좋은 사람들에게는 신기한 볼거리가 된다.

판다의 재미난 습성 중 하나는 허리를 어딘가에 기대고 앉아서 대나무를 먹는다는 것이다. 마치 사람이 소파에 등을 기대고 바닥에 앉아서 음식을 먹는 모습과 비슷하다. 이런 모습에 많은 사람들이 속에 사람이 들어앉아 있는 것 같다고 이야기한다.

푸바오는 유난히 누워서 대나무를 먹을 때가 많다. 이럴 때면 러바오와 똑 닮았다. 한 번도 만난 적 없는 아빠의 행동을 닮아가는 것이 그저 신기할 따름이다.

하나 덧붙이자면 푸바오는 뒷발을 이용해 대나무를 잡고

먹는 기술을 가지고 있다. 보기만 해도 너무 귀여워 웃음이 나는 푸바오만의 특별한 기술이다.

실컷 대나무를 먹은 판다는 물을 찾아 먹은 뒤 나무 위로 올라가 소화도 시킬 겸 충분한 수면을 취한다. 육식동물의 장 구조를 가지고 있기 때문에 대나무의 섬유소를 소화하기에 시간이 부족하다. 장 길이가 짧아 먹은 대나무를 배설하는 데 5~6시간밖에 걸리지 않는다. 그만큼 많은 양을 먹고 최소화해야 필요한 에너지를 얻을 수 있다. 그래서 판다는 철저하게 단독 생활을 하며 천적을 만나거나 다른 판다를 만나도 맞서 싸우기보다는 높은 나무에 올라가 상황을 모면하는 선택을 한다.

대나무는 판다에게 평생 먹을 수 있는 영양분을 공급하는 에너지 창고다. 그리고 천적으로부터 안전한 은신처를 제공한다. 대나무밭은 판다들이 태어나 죽음을 맞이하는 순간까지 함께해야 하는 마음의 고향이기도 하다.

주로 왼손을 쓰는 아이바오(위), 주로 오른손을 쓰는 러바오(아래)

주로 오른손을 쓰는 푸바오

콩 심은 데 콩 나는 법! 귀여운 먹방 요정들

98.4kg 공주님의
행복한 1000일

푸바오가 태어난 지 1000일이 되던 날, 실내 놀이터로 나가기 전 체중은 98.4킬로그램이었다. 아이바오가 태어나 964일 만에 한국에 왔고, 아이바오를 처음 만났을 때 83킬로그램이었던 것을 떠올려 보면 푸바오는 엄마보다 확실히 성장이 빠르다. 이제 푸바오는 더 이상 아기 판다가 아니다(내 마음속에서 푸바오는 영원히 아기 판다일 것이다).

아이바오는 거의 다 성장한 뒤에 만나서 항상 맹수라는 사실을 주지하며 대해야 했으니 우리는 언제나 조금씩 거리를 둘 수밖에 없었다. 그러나 엄마 배에서부터 할부지와 함께했던 푸바오는 다르다. 할부지도 푸바오를 알고 푸바오도 할부지를 잘 안다. 나는 어떤 행동을 했을 때 푸바오가 싫어하고, 어떤 행동이 장난인지, 지금 짜증이 나 있는지, 화가 날 때 어떤 움직임을 보이는지도 잘 안다.

사육사가 동물을 생각할 때 동물의 특성만 공부하고서 그 동물을 잘 안다고 착각할 때가 많다. 그러나 동물도 사람과 마찬가지로 태어난 배경과 자란 환경과 장소, 함께 살거나 만난 동물, 그동안 보살폈던 사육사 등 여러 여건에 따라 성격과 성향도 제각각이다. 내성적이거나 소심하기도 하고, 때로는 활동적이며 쾌활하기도 하고, 공격적이기도 하다. 그래서 새로운 동물을 특징과 습성뿐만 아니라 각 개체의 성장 스토리를 함께 이해하고 생각해야 한다.

아이바오가 두 살 반일 때 만난 나는 판다라는 동물 종의 특성은 알았지만 성향은 속속들이 몰랐다. 때문에 조심스럽고 주의가 필요했다. 푸바오는 태어나기 전부터 함께하며 성장을 지켜본 덕분에 친밀하게 서로를 의지할 수 있다.

푸바오의 1000일을 축하하기 위해 대나무 케이크를 만들 맹종죽 줄기를 주문했다. 이전 러바오나 아이바오의 케이크는 지름 80밀리미터에 길이 700밀리미터 사이즈로 준비했다. 푸바오는 아직은 귀여움을 강조하고 싶어 지름 60밀리미터에 길이 500밀리미터의 작은 대나무 케이크를 구상했다.

꽃과 족자도 의뢰했다. 꽃은 '변치 않은 사랑'이라는 꽃말을 가진 리시안셔스와 '순수한 마음'이라는 꽃말을 가진 흰 안개꽃, '천진난만'이라는 꽃말을 가진 프리지어를 주문했다. 천진난만한 푸바오의 귀여움이 영원히 변치 않는 순수한 사랑으로 간직되기를 바라는 할부지의 마음이었다.

족자는 케이크 옆에 앉아 있는 푸바오의 뒤쪽 배경을 장식하기 위해 만들었다. 푸바오의 얼굴과 한자로 천일千日이라는 글씨와 '너의 모든 날이 행복으로 가득하길'이라는 글귀를 담았다. 글귀를 보며 어쩜 기획자가 할부지의 마음을 저리도 잘 알았을까 하는 생각이 들었다.

먼저 입고된 맹종죽 줄기를 깨끗이 세척해 줄기에 침착된 먼지를 닦아냈다. 그리고 2단 케이크의 골격을 잡은 뒤 고정하고 세 종류의 꽃을 배치해 보며 푸바오와 가장 잘 어울릴 구도를 잡아 보았다. 그런 다음엔 대나무 케이크가 자연스럽게 보이도록 댓잎을 배치했다.

이제 남은 일은 푸바오가 케이크로 잘 접근하고 관심을 가질 수 있도록 호응을 끌어내는 것이다. 푸바오가 제일 좋아하는 당근으로 가볍게 1000이라는 숫자를 조각해 케이크 상단에 배치했다.

케이크가 마음에 쏙 든다. 예쁘다. 푸바오도 마음에 들었으면 좋겠다는 나의 마음을 듬뿍 담았다.

이제 남은 건 스피드다. 아이바오가 내실로 들어오면 푸바오가 나가기 직전에 재빠르게 설치해야 한다. 케이크를 셸터에 고정하고, 구상한 대로 꽃장식을 꾸미고, 푸바오가 나가는 시간까지를 최소화해야 한다. 세 시간 가까이 자리를 꽉 메우고 1000일의 주인공이 나타나기를 고대하는 수많은 팬들에 대한 예의다.

드디어 잠이 깬 아이바오가 내실로 향하자 구상안을 펼치는 데에는 불과 10여 분 남짓, 준비는 끝났다. 푸바오가 나가서 셸터 위 케이크 옆에 위치하면 모든 것이 완벽하다.

그런데 이게 웬일인가? 푸바오는 나오자마자 대포 카메라를 들고 빼곡하게 들어찬 손님들을 보며 적지 않게 긴장한 모습이다. 조심스러운 걸음걸이로 탐색하는가 싶더니 곧바로 엄마나무 위로 올라가 수면 자세를 취해 버린다. 맙소사!

판다들은 놀라거나 긴장하면 일단 높은 나무 위로 올라가 버린다. 이대로 잠들면 한 시간 이상 일어나지 않을 텐데, 어찌해야 하나?

언제나 간절하면 방법이 나타나게 되어 있다. 푸바오는 긴장하는 상황이 생기면 할부지에게 의지하는 성향이 강하다는 생각이 번쩍 스쳤다. 워토우를 가지고 나가 셸터 위에서 푸바오에게 보여 주며 냄새를 맡게 했다. 그런 다음 셸터 아래서 푸바오를 부드럽게 부르며 기다렸다. 수많은 카메라들도 긴장하며 셔터 소리를 멈추고 기다렸다.

푸바오가 나무 위에서 나를 주시하며 안정을 얻고 서서히 내려왔다. "역시, 푸바오는 할부지를 좋아해."라는 이야기들이 조용한 함성과 함께 들려왔다. 푸바오가 케이크 쪽으로 내려오자 촬영하는 소리가 쉴 새 없이 들려온다.

고맙다, 푸바오! 정말 고마워!

오늘따라 푸바오가 꽃과 정말 잘 어울린다는 생각이 든다. 공주라는 애칭이 딱 맞아떨어지는 것 같다. 푸바오는 할부지가 장식한 꽃을 종류별로 향기를 맡으며 케이크 뒤쪽에서 정면을 보고 자세를 잡는다. 케이크 위의 당근으로 만든 1000일 숫자를 하나씩 빼어 먹기 시작한다.

1000이 100이 되었다. 10이 되었다. 1이 되었다. 푸바오는 역시 똑순이다. 이런 행동 하나하나가 푸바오의 멋진 쇼맨십이 된다. 자신을 빛나게 하고, 아이바오와 러바오를 빛나게 하고, 할부지를 빛나게 한다. 감사의 1000일이다. 행복한 1000일이다. 이렇게 푸바오는 또 하나의 멋진 추억이자 자신의 역사를 귀엽고 예쁘게 장식해 주었다.

푸바오! 1000일 축하해. 너의 모든 날이 행복이길 바랄게.

○ 벌써 1000일이 흘렀다. 푸바오는 아직 할부지 곁에 있다.
곧 한국을 떠나야 한다는 소식에 많은 사람들이
아쉬워하고 있다. 할부지의 마음은 오죽하랴.
그래도 할부지는 그런 푸바오 팬들의 마음을
들여다보느라 바쁘다. 서로 위로하고, 보듬어 주고,
추억들이 슬픔이 아닌 행복으로 남기를 바라는 마음에서다.

방송에서 묻는다.
푸바오에게 한마디 말을 들을 수 있다면
어떤 말을 듣고 싶냐고.

'할부지를 만난 건 행운이었어.'

푸바오, 넌 할부지의 영원한 아기 판다야.

새로운 시작, 행복은 언제나 우리 곁에 있어

판다와의 시간은
너무 빨리 흐른다

 세상은 늘 새로움으로 채워지
는 것 같아도 언제나 과거와 이어져 있다는 생각이 든다. 그
게 지구별이 생기고부터인지, 아니면 내가 판다를 만났을 때
부터인지 굳이 생각하고 싶지는 않다.

　푸바오에게 새로운 가족이 생긴다는 생각이 그렇다. 완전
히 새로운 시작인 듯하지만 내게는 사육사로서 업무의 연장
선이다. 아이바오에게는 푸바오에 이어 둘째 아이가 생기는
것이고, 러바오에게는 아이바오와의 세 번째 만남이다. 그리
고 푸바오에게도 처음 겪는 일이 많을 테고 진정한 어른 판다
로 성장하는 과정이 될 것이다. 그러니 우리 모두에게 새로운
도약이자 연결되고 지속되는 삶의 연장선이다.

뾰족하고 날카롭던 8년이 지나고, 행복한 꿈을 이루어낸 사육사가 여기에 있다. 노란 유채꽃이 활짝 피어 향기 가득하던 두장옌의 이른 봄날, 아이바오, 러바오와 쉽지 않은 여정에 올랐던 2016년 3월 3일. 그리고 7년이 지난 2023년 3월 3일, 소중한 친구 같기도 가족 같기도 한 아이바오는 새로운 번식기를 맞았다.

2022년 9월에 푸바오를 독립시킨 아이바오는 2023년 이른 봄부터 2020년 번식기와는 다른 양상으로 호르몬 변화를 표현했다.

발정기가 시작되면 일어나는 양상이나 과정은 이전과 비슷했다. 대나무를 짧게 먹고, 실내외 놀이터를 반복적으로 걸어 다녔다. 다만 몸에 물을 묻히는 워터플레이나 마킹을 하는 행동은 그리 도드라지게 나타나지 않아 아직 본격적인 발정기는 아니라고 판단했다.

그러나 이런 상황이 오랜 기간 지속되자 이전 기록을 지표 삼아 비교해 보던 관찰자들은 어떻게 판단해야 할지 혼란스러웠다. 아이바오를 지켜보던 나는 분만 경험이 있으니 이전과 다른 양상으로 나타날 수도 있다는 예감이 들었다. 이런 예감은 짝짓기 시기가 더 빠르고 갑작스럽게 진행되리란 확신으로 기울기 시작했다.

모든 상황에 기민하게 대처하기 위해 담당자들과 함께 판다 번식 실무 미팅을 매주 진행했다. 갑자기 러바오를 만나야 할 때가 올 것 같다는 내 생각을 번식 실무진들과 공유했다. 그러나 내 예감은 보여지는 데이터와 달라 현실적으로 받아들여지지 않았다.

2월 7일, 집에서 쉬다 후배 사육사가 전한 아이바오 소식에 발정이 시작되었다는 생각이 번뜩 들었다. 그날 아이바오는 처음으로 실내 놀이터에서 내실로 들어오지 않으려 해서 푸바오와 교대 시간이 많이 늦어졌다.

여기저기 마킹을 하고, 대나무를 채식하는 시간과 빈도가 짧아지고, 몸에 물을 묻히는 워터플레이가 시작되었다. 그리고 예상대로 상황이 급속도로 진행되었다.

3년 전에는 3월에 발정기가 시작되었기에 다들 아직은 이르다고 생각하며 여유로웠지만 곁에서 지켜보는 나는 자연의 순리대로 새로운 변화를 온몸으로 표현하고 있는 아이바오, 러바오와 함께 마음이 매우 조급했다.

판다 번식 실무 미팅에서 상황이 시작되었다는 소식과 이런 추세로 가면 가임기가 2월 20일을 넘기지 않을 거라고 예상일을 공유했다. 그때까지도 모두 설마 했지만 아이바오의 2차 사이클은 예상을 빗나가지 않았다.

2월 19일 오전, 길어야 3일, 1년에 딱 한 번 찾아오는 이 기회를 놓치지 않기 위해 판다 번식 실무팀에서는 실시간으로 논의와 협의를 거듭했다.

가임기가 짧은 판다의 번식 성공률을 높이기 위해 사육사들과 수의사들은 암컷 판다의 발정기 행동과 번식 호르몬 수치 등을 종합해 가장 적합한 짝짓기 시기를 결정한다. 사육팀에서는 아침 일찍 아이바오의 발정기 막바지 행동을 확인했고 오늘 짝짓기를 진행해야 한다는 긴박한 의견을 제시했다. 이런 의견을 반영해 수의팀에서는 번식 호르몬을 분석하느라 분주했다.

아침 9시 30분, 펜스 사이로 러바오와 아이바오를 만나게 했더니 아직 서로를 간절히 원하는 상태는 아니었다. 호르몬 수치도 아직 이전만큼 오르지 않았으니 짝짓기를 진행하기는 이르다는 분석이 나왔다. 그러나 오후로 접어들면서 아이바오의 행동은 다시 고조되기 시작했다. 오후 2시에 채취한 소변을 다시 분석하기 시작했으나 결과가 나오기까지 4시간 이상 기다려야 했다.

사육팀에서는 암컷 판다의 발정기 마지막에 나타나는 양 울음소리와 꼬리를 세우고 수컷 판다에게 엉덩이를 향하는 행동으로 보아 짝짓기를 바로 진행해야 한다는 의견이 우세했고, 수의팀에서는 호르몬 결과를 확인해야 한다는 의견이 우세했다.

그렇게 기다린 호르몬 수치 결과는 번식 실무팀을 굉장히 당황스럽게 만들었다. 2020년에 푸바오를 가졌을 때에 비해 수치가 반도 오르지 않고 떨어진 것이다. 이렇게 판단하기 쉽지 않은 상황에서 판다 번식 실무팀은 결정을 내려야만 했다.

판다 커플이 만날 시기는 번식 호르몬이 최고점을 보이고 떨어질 때, 암컷 판다가 내는 양 울음소리가 길어지고 꼬리를 들고 수컷 판다에게 접근할 때다. 아이바오의 행동과 번식 호르몬 수치 결과가 이전과 다르니 난감할 수밖에 없었다.

그사이 시간은 오후 5시가 넘어가고 있었다. 소변을 추가로 채취했다. 나는 동물병원에 뛰어 내려가 긴급 협의에 들어갔다. 지금 채취한 소변을 분석해 결과를 보고 판단할지, 호르몬 분석은 진행하되 병행해서 먼저 짝짓기를 진행할지 결정해야 했다. 결국 논의 끝에 세 가지를 동시에 진행하기로 결정했다. 첫째, 짝짓기가 준비되는 대로 진행한다. 둘째, 호르몬 분석을 병행한다. 셋째, 중국 판다보호센터에 자문을 구한다.

곧바로 짝짓기 준비를 시작해 아이바오와 러바오는 저녁 9시가 다 되어서 만나게 되었다. 중국에서도 호르몬이 떨어지는 패턴으로 보아 짝짓기를 바로 진행하는 게 맞겠다는 연락이 왔다. 만약 시기가 이르다면 아이바오가 공격적으로 큰 소리를 지르며 러바오를 쫓아낼 것이다. 조심스럽게 문을 열어 러바오를 아이바오가 있는 방으로 이동하도록 유도했고, 아이바오는 러바오에게 호의적이었다.

첫 번째와 두 번째 짝짓기 시도는 아이바오와 러바오가 마음만 앞세우다 방법을 찾지 못하고 실패했다. 침이 바짝바짝 마르고 가슴이 타들어 갔다. 오늘 밤을 넘기면 올해는 판다 번식이 어렵겠다고 생각했다.

하나님 맙소사(참고로 난 무교다)! 아이바오와 러바오는 세 번째 만남에서 사랑을 나누는 데 성공했다. 푸바오를 가졌던 2020년에 비해 안정감이 있었다. 서로 완숙해 가고 있다고나 할까. 초조하게 지켜보던 판다 번식 실무팀은 얼싸안고 환호성을 질렀다. 이렇게 밤 10시를 넘기며 짝짓기는 성공적으로 마무리되었다.

다음 날 아침, 네 번째 만남에서 아이바오와 러바오는 다시 한번 사랑을 확인하고선 서로에게 관심도가 현저히 낮아졌다.

아찔하고 짜릿한 하루였다. 생각해 보면 우리는 2020년에 경험한 한 번의 사례만을 참조하고 있었다. 앞으로도 판다를 위해 배워야 할 일이 너무도 많다는 것과 대자연의 숭고한 힘에 대해 겸손해야 한다는 것을 학습했다. 또한 공동 목표를 위해 팀워크를 통한 존중과 배려하는 결정이 얼마나 중요한지를 마음 깊이 새길 수 있었다. 서로 합심해 최고의 순간을 이끌어 낸 사육사와 수의사로 구성된 판다 번식 실무팀에게 감사를 전하고 싶다.

2023년 3월, 다시 일상으로 돌아간 러바오

아이 바오의
두 번째 임신기

나는 대자연이 품고 있는 숭고한 생명의 원리를 신봉한다. 사육사이기에 언제나 동물이 지닌 특징과 습성, 자연스러운 흐름을 믿고 지켜 주려 노력해야 한다고 믿는다.

판다들은 단독 생활을 하다 적령기가 되면 만나서 사랑을 나누고 아기를 갖는다. 짝짓기가 마무리되면 수컷은 떠나고 암컷은 출산과 육아를 하는 것, 그리고 아기가 무사히 성장해서 엄마 품을 떠나 독립하면 또다시 자연의 흐름대로 사랑을 나누고 아기를 갖고 키우며 삶을 이어가고, 서서히 나이 들어간다. 이는 인간을 비롯한 모든 생태계에서 일어나는 대자연의 흐름이자 본능과 유전자를 지배하는 힘이다.

아이바오는 25개월이 넘게 푸바오를 키웠다. 2022년 9월 첫날, 푸바오를 독립시키고 휴식기를 가진 아이바오는 다음 해 계절 번식을 하는 종의 특성을 어김없이 지키며 2023년 2월, 두 번째 번식기를 맞이했다. 믿음직한 수컷 러바오 또한 먼저 준비된 상태로 아이바오를 기다렸다.

야생의 판다라면 둘이 다시 만나지는 않았을 것이다. 드넓은 야생에서는 다시 만날 확률이 높지 않을 뿐더러 판다들은 짝이 일정치 않기 때문이다.

아이바오의 두 번째 임신 기간 내내 마음이 편치 않았다. 짝짓기 타이밍이 살짝 빗나갔다는 생각과, 독립은 했지만 푸바오가 아이바오와 활동 공간을 공유하고 있기에 과연 임신과 출산을 순조롭게 이끌어 갈 수 있을까 하는 걱정 때문이었다. 야생이라면 독립 후 멀리 떠났어야 할 푸바오의 냄새와 소리, 기타 자극이 아이바오의 호르몬을 교란시킬 수 있다는 점을 배제할 수 없었다.

그러나 모든 준비는 가능성에 조준했다. 분만실을 준비해 아이바오가 입실하고, 육아실 환경을 구성하고, 초기 육아를 도와줄 중국 전문가가 입국하고, 사육사와 수의사 들은 안전한 출산을 위해 매일 머리를 맞대었다.

푸바오를 낳고 키우며 쌓아온 데이터가 훌륭한 지표가 되어 주었지만 이번에는 다른 양상을 보이는 부분이 많았다. 임신 기간 동안 아이바오의 활동 면에서도 차이가 있었고, 임신 기간도 호르몬 변화도 이전과 달랐다. 무엇보다 초음파 검사에서 태아를 감지할 수 없었다. 판다는 쌍각자궁을 가지고 있는데 우리는 우측 자궁만 볼 수 있는 검사 환경이어서 임신 여부 자체를 확정하기 힘들었다(푸바오를 임신했을 때 우측 자궁에서 태아를 감지했다).

사육사와 수의사 들의 걱정 속에서도 아이바오는 차근차근 몸을 만들고 새로운 생명을 낳을 준비를 했다. 짝짓기 시점을 잡기 어렵게 했던 호르몬은 임신기에도 많은 생각을 하게 했다. 발정기 때는 수치가 낮아서 고민했는데 이번에는 호르몬이 두 배 가까이 치솟아 궁금증과 기대를 증폭시켰다. 그도 그럴 것이 쌍둥이 출산율이 높은 판다의 특성상 확률적으로 쌍둥이를 낳을 가능성에 좀 더 무게를 실어 주는 객관적인 데이터였다.

아이바오가 출산 준비를 위해 분만실에 들어가고 나서 푸바오는 매일 실내외 놀이터를 독차지했다. 푸바오를 낳으면서 5개월간 비워 두어야 했던 공간을 두 번째 출산 기간에는 푸바오가 의젓하게 사람들의 큰 사랑을 받으며 예쁘게 지켜 주었다.

언제나 판다월드를 행복으로 채워 주는 푸바오

쌍둥이 아기 판다의
탄생

자연은 기다림이 간절해도 때를 흐리지 않는 모양이다. 아이바오는 푸바오를 가졌을 때 임신 기간을 훌쩍 넘어설 만큼 충분히 임신 기간을 보냈다. 푸바오는 121일 만에, 쌍둥이 아기 판다는 137일 만에 판다월드를 긍정적 긴장과 들뜬 환희로 밝혀 주었다.

아이바오는 분만 한 달 전에 나타나는 식욕 감소가 뒤늦게 찾아왔다. 그만큼 분만 시기가 늦어지겠구나 예상했다. 보통 식욕이 감소하기 시작하고 한 달 뒤에 분만하는 판다의 특성으로 볼 때 예상되는 날짜는 7월 5일부터 3일간이었다.

본격적인 분만 준비가 시작되기 전부터 사육사들은 엄마

판다와 친화 훈련을 한다. 새끼가 태어났을 때 엄마 품에 안겨 있는 새끼를 관리하기 위해서는 몸을 구석구석 만지며 보살필 수 있어야 하기 때문이다.

아이바오의 분만 전 훈련은 제약이 있었다. 내실 여건상 초음파 훈련이나 채혈 훈련, 체중 관리 등 많은 부분에서 푸바오와 동선이 겹치는 상황이었다. 결국 아이바오가 분만실에 입실하며 푸바오와 방을 바꾸는 시점에서 본격적으로 친화 훈련에 돌입했다.

다행인 것은 아이바오가 푸바오를 낳고 기르며 경험한 기억을 잘 간직하고 있었다는 것이다. 분만실 구조나 이동 등에 거부감이 없었고, 푸바오를 육아하며 생활하던 공간이라 쉽게 적응하고 친화 훈련도 자연스럽게 받아들였다. 이러니 어찌 아이바오를 예뻐하고 사랑하지 않을 수 있겠는가.

7월 1일부터 사육사들은 24시간 분만 대기를 했다. 임신 기간이 130일을 넘기며 서서히 쌍둥이가 아닌가 하는 예측이 나왔다. 육아실을 꾸미고 소독하고, 필요한 용품들을 준비하고, 인큐베이터를 시험 가동하면서 시간이 흘렀다. 야간 근무를 하며 아이바오의 행동과 신체 변화를 세심하게 관찰하며 출산이 임박했을 때 즉시 관계자들을 비상 소집할 수 있도록 만반의 준비를 해 두었다.

135일이 지나며 분만 직전의 유사 행동이 나타났다. 채식을 거부하고, 앉아서 두 팔을 벌려 펜스를 붙잡고 고통을 참는 듯한 행동이 나타났다.

136일 차인 7월 6일, 야간 근무를 혼자 하고 있었는데 곧 출산하겠구나, 하는 느낌이 왔다. 전문가는 3일 정도 더 걸릴 거라고 예상했지만 아이바오의 행동과 여러 정황을 봤을 때 얼마 남지 않았다는 확신이 들었다.

7월 7일 새벽, 벽시계 초침 소리가 어찌나 크던지 긴장은 가중되고 피곤함은 오간 데 없이 온 신경이 아이바오를 향해 있었다. 아이바오는 푸바오를 낳을 때 격렬한 진통을 하던 모습과 달리 산통을 참아 내려는 듯한 모습을 보였다. 첫 번째와 두 번째 차이가 어찌 이리 극명하게 다를까?

두 번째 출산이기에 아이바오가 분명 더 잘 해내리란 걸 알면서도 산통을 참는 모습이 이전보다 더 안쓰럽게 느껴졌다.

분만실에서 혼자 아이바오를 지켜보며 비상 연락망을 점검했다. 물풍선이 부풀 듯 태반이 보였다 닫히기를 반복하다 새벽 4시 33분, 양수가 터졌다. 부랴부랴 수의사와 관계자 들에게 연락하고, 현장 보존용 영상을 녹화하고, 인큐베이터를 다시 점검하는 사이, 4시 52분에 푸바오만큼이나 우렁찬 아기 판다의 울음소리가 분만실에 울려 퍼졌다.

두 번째 지켜보는 분만이었건만 순간 터져 나오는 기쁨을 감출 수 없었다. 극렬한 고통을 참아 내며 출산한 아이바오보다 절제가 부족한 모양이다.

아이바오는 고통 속에서도 핏덩이인 아기를 수습하고 품에 안으며 차분하게 할 일을 다한다. 가쁜 숨을 몰아쉬는 와중에도 제 몸보다 아기를 챙기는 아이바오의 눈에는 고통 때문인지, 긴장 때문인지 광기가 내비친다.

첫째를 분만하고 호흡이 조금 잦아지는가 싶더니 아이바오는 다시 힘을 주기 시작했다. 첫째를 안고 앉은 상태에서 6시 38분, 양수가 파열되었다. 약 1분 후, 두 번째 아기를 낳았다.

맙소사, 쌍둥이였다! 쌍둥이 아기 판다가 태어난 것이다!

곧바로 한 마리를 준비된 인큐베이터로 옮겼다. 순차적으로 건강 검진을 한 결과, 두 마리 다 건강하게 태어났다. 첫째는 180그램, 둘째는 140그램으로 197그램으로 태어난 푸바오보다는 작지만 쌍둥이로서는 표준 몸무게로 태어났다.

얼마나 감사한 일인가? 동물원에 근무하며 많은 동물들이 분만 후 새끼를 돌보지 않거나 외면하는 경우를 보았다. 그중 아기 표범과 침팬지, 타마린 등은 인공 포육으로 살려내 어미에게로 돌려보내 주기도 했다. 그러니 처음으로 쌍둥이를 낳고서도 침착하게 아기들을 돌보는 아이바오의 육아 능력이 경이롭고 고마울 수밖에.

2023년 7월 7일, 아이바오는 무사히 쌍둥이를 낳았다.

판생 15일 차 후이바오(왼쪽)와 루이바오(오른쪽)

분만을 준비하며 푸바오도 옆방의 긴장감과 부산스러움에 덩달아 예민했다. 이전과 다른 엄마의 움직임과 할부지가 퇴근하지 않고 자리를 지키는 광경이 무척 낯설었을 것이다. 동생들의 울음소리가 터진 순간, 몹시 놀라고 당황한 모습이 역력했다. 푸바오에게 이전처럼 시간을 들이지 못하고 다른 사육사들이 함께 돌보고 있지만 푸바오는 서서히 변화를 받아들이고 있다.

삶이 그러하듯, 우리는 안정적인 생활에 안주하기도 하지만 새로운 자극을 겪으며 행복을 찾고 변화를 통해 활력을 얻는다. 물론 사람이든 동물이든 미지의 세계에 한 발 내딛는 순간은 늘 어렵다. 새로움을 선택할 용기를 내지 못해 의식적으로 자꾸 피하게 될 때도 있다. 푸바오 또한 잠시 변화를 두려워했지만 용기 있게 차근차근 새로운 환경에 적응하며 한 단계 더 성숙했다는 건 확실하다.

이렇게 판다월드의 바오 가족은 다섯 식구가 되었다.

쌍둥 바오들이 태어나기 전에 아내가 태몽을 꿨다. 꿈에서 아내가 어딘가를 가다 엄청 큰 집이 있어 들어갔더니 최신식으로 지어진 깨끗한 축사에 살찐 누런 황소가 여러 마리 있었다고 한다. 아내는 꿈 얘기를 하며 이번에는 한 마리가 아닐 것 같다고 얘기했다(꿈은 적중했다!).

2020년 3월, 아이바오와 러바오의 사랑이 이루어지기 직전에도 아내는 태몽을 꿨다. 당시 나는 아이바오의 호르몬 수치와 발정기 행동 변화에 집중하고 있을 때라 매우 예민해져 있었다. 아내에게 미리 꿈 이야기를 하면 일이 틀어질 수 있으니 나중에 듣겠다고 하고서 까맣게 잊어 버렸다.

시간이 흘러 아이바오가 분만을 한 달쯤 남겨 두었을 때 초음파 사진을 받았다. 태아의 존재를 확인하기 어려운 사진이었지만 아내는 동물병원에서 근무하며 초음파 사진을 많이 판독했던 경험을 살려 살펴보더니 태아가 확실하다며 감격해 했다. 그때 아내는 그동안 하지 못했던 태몽 이야기를 들려주었다. 꿈에서 아내는 연못에서 물고기들이 헤엄치며 노는 모습을 보고 있었는데 갑자기 품속으로 뭔가가 들어와 안겼다고 한다. 물고기인가 싶어 보았더니 까만 털뭉치(강아지 모양) 같은 동물이었다고 했다.

왜 곰 손녀들의 태몽을 내가 아닌 아내가 꾸는 걸까? 아내와 나는 리리와 밍밍을 관리하던 시절에 회사에서 만났다. 아내는 동물을 무던히도 좋아해 6년여를 연애하는 내내 우리는 동물 이야기를 하곤 했다. 어쩌면 그런 아내가 태몽을 꾸는 것이 전혀 이상한 일은 아닌 듯하다.

육아 만렙 아이바오의
슬기롭고 빛나는 보물들

쌍둥이 아기 판다가 태어나며
잠시 들뜬 분위기였던 판다월드는 이내 숨소리가 잦아들었
다. 아기 판다의 초기 육아는 생존율을 높이기 위해 모든 채
널을 동원하고 촉각을 곤두세워야 하기 때문이다.

2023년 새롭게 아이바오와 러바오의 짝짓기를 준비하기
전, 지난 기록을 들여다보며 이렇게 긴 시간, 날카로운 긴장
속에 나날을 보내야 하는 큰일을 다시 시작할 수 있을까, 하
는 걱정이 산처럼 컸다. 선택의 여지는 없어 보였다. 푸바오를
잘 키워냈다는 기쁨이나 자만은 재빨리 벗어 버리고 모든 사
항을 체크하고 준비해야 했다.

다행히 한 번의 경험은 너무나도 큰 스승이었다. 푸바오를

돌보며 기록해 둔 성장 과정과 관리 방법 등은 쌍둥이 아기 판다들도 잘 키울 수 있다는 자신감을 가져다주었다. 비빌 언덕이라고나 할까. 참고할 만한 자료가 있다는 것, 더불어 그 기록들이 오롯이 나의 경험에서 비롯되었다는 것은 정말 큰 힘이 되었다.

기억은 머리뿐만 아니라 가슴에서도 손가락 마디마디 온몸에서 되살아났다. 아이바오도 출산과 육아 여러 면에서 자연스러워졌다는 느낌이 든다. 진통을 참아 내는 모습, 출산 직후 아기를 대하는 모습이 이전보다는 여유로웠다.

지난 경험을 발판 삼아 아이바오의 영양 관리를 위해 350킬로그램의 죽순을 준비했다(수많은 시행착오 끝에 성공한 초저온 냉동 죽순 저장법은 이때도 정말 유용했다). 마음이 든든했다. 아이바오에게 떳떳했다. 죽순이 성장하지 않는 시기지만 네게 줄 영양 간식을 충분히 준비했어, 라고 자신 있게 이야기할 수 있었다.

다만 우리 모두에게 아기 판다가 쌍둥이라는 변수가 생겼다. 판다들은 약 40퍼센트가 쌍둥이를 낳으니 쌍둥이 출산이 아주 이례적인 것은 아니다. 나름 예상했고 준비를 한다고 했지만 아기 판다는 미약하게 태어나 스스로 할 수 있는 게 거의 없으니 육아의 강도가 훨씬 셌다.

엄마 판다는 배변 유도를 위해 아기 판다를 핥는다. 아기 판다는 스스로 배변을 할 수 없어 배변을 유도하고 생체리듬을 유지해 주는 것은 오롯이 엄마 판다의 몫이다. 그래서 엄마 판다의 육아가 더욱 고단한 일이다. 이 모든 걸 싫은 내색없이 다 해내는 아이바오는 정말 위대한 엄마다!

주로 많이 핥는 부분은 입 주변, 항문 주변이다. 아기 판다가 불안해할 때, 엄마 판다는 아기를 안아 주기도 하지만 곧바로 항문과 입 주변을 핥아서 마사지해 준다. 아이바오는 불안한 상황에 노출되었다 느끼면 재빨리 아기에게로 달려간다. 아무리 배가 고파도 불안 요소가 있으면 아기 곁을 떠나지 않는다.

이런 아이바오의 모습과 행동을 통해 아기 판다들도 어떻게 살아가야 할지를 자연스럽게 배운다. 판생의 멘토이자 산교육의 큰 스승인 엄마 판다, 그중에서도 아이바오를 만났다는 것만으로도 아기 판다들은 어마어마한 행운이라고 믿어 의심치 않는다.

푸바오는 15, 18일 차에 양쪽 눈을 각각 떴다. 일찍 눈을 떠서 혹시나 시력을 갖지 못할까 정말 많이 걱정했다. 1바오, 2바오는 사이좋게 28일 차에 눈을 떴다.

"우와, 눈 떴다! 양쪽 다 떴어!"

내실에서 아이바오와 후이바오의 노근노근한 한때. 판생 43일 차(위), 50일 차(아래)

판생 50일 차 루이바오, 눈은 떴지만 아직 보지 못한다.

이를 지켜보던 할부지와 삼촌, 이모 들은 감탄하며 탄성을 질렀다. 28일 차도 조금 빠른 편이지만 우려할 정도는 아니다. 세상이 얼마나 궁금했던지 역시 푸바오 동생들이다.

쌍둥이라는 걸 증명하듯, 같은 날 약속이라도 한 듯 함께 두 눈을 뜬 것이 너무도 신기했다. 처음 눈을 뜬 아기 판다의 눈은 혼탁하고 시력이 없다. 하지만 두리번거리듯 좌우를 살핀다. 이는 청력을 활용한 봄이다. 오감을 통해 신호를 읽고 받아들이면 청력 또한 또 다른 눈의 역할을 한다.

시간이 지날수록 눈에서 점점 탁도가 낮아지고 두 달 정도 지나서야 아른거리는 목표물이 흐리게 보이기 시작한다. 80일이 지나면 비로소 시력을 확보하게 된다.

쌍둥 바오들은 엄마와 사육사 할부지들의 도움으로 무럭무럭 성장해 70일을 넘기자 배밀이를 조금씩 했다. 이전에는 뒷발을 휘저어 펌프질하듯 허우적거리며 오토바이에 시동을 거는 행동처럼 움직이는 게 다였다. 겨우 방향을 돌릴 수 있는 정도다. 이때는 아이바오가 아이들을 툭툭 앞발로 치듯이, 밀듯이 이동시키곤 한다. 물론 엄마가 애정이 식은 건 아니다. 아이바오는 늘 아이들을 성장에 맞게 다룬다.

80일을 넘기며 2바오는 앞발과 뒷발, 턱, 온몸을 이용해 회전 기술에 전진 기술을 더했다. 뒷발을 바닥에 대고 펴며 몸을 앞으로 보낸다. 하지만 발이 뒤로 밀리며 허우적거림으로 끝나곤 했다. 하지만 아기 판다들은 포기하지 않는다. 어느 순간, 뒷발이 바닥에 밀착되어 다리를 쭉 펴는 순간, 몸이 앞으로 쏙 이동하며 바닥에 턱을 찧고 말았다. 아파할 틈도 없다. 그냥 놀랐다.

이제는 앞발을 딛고 상체를 일으켜 본다. 이 동작도 쉬울 리 없다. 한쪽 발이 지지하면 한쪽 발이 미끄러진다. 굳센 의지와는 상관없이 잘되지 않는다. 열심히 노력했다고 어디 결과가 모두 좋기만 하던가?

이번에는 턱을 바닥에 대고 앞발을 세워 본다. 반쯤 상체가 세워졌다. 맙소사! 이제 이게 되는구나. 앞발의 패드를 바닥에 대고 뒷발을 힘주어 민다. 상체가 다시 반쯤 세워지다 풀썩. 앞으로 가려는데 몸이 자꾸 한쪽으로 돈다. 고작 40~50센티미터 반경에서 회전 반, 전진 반 움직인 게 전부지만 아기 판다들은 오늘도 성장했다.

아이바오는 아기 판다의 부산스러움에도 옆방에서 대나무를 먹는다(이때는 교대로 한 마리씩 돌볼 때라 내실에는 늘 아기 판다가 번갈아 아이바오와 생활했다). 한 번쯤 돌아보고 힘내라며 한마디 해 줄 만한데, 무심히 먹기만 한다. 아기 판다는 그래도 열심히 이동 연습을 한다. 곧 엄마를 따라 옆방에도 가 보고,

엄마와 할부지를 깜짝 놀라게 할 날이 얼마 남지 않았다.

아기 판다들은 자신의 네 발에 힘이 생기기 시작했다는 것을 스스로도 안다. 조금씩이라도 제 의지로 움직일 수 있다는 것이 스스로 대견하고 신기하기만 하다.

어린 생명체의 성장은 매번 경이롭고 신기하다. 실시간으로 자라는 게 보이는 것 같다.

"오구, 잘하네 잘해, 이뻐 이뻐, 조금 더 힘내자!"

나는 하루가 다르게 성장하고 발전하는 아기 판다들의 성장 속도에 깜짝 놀라며 항상 칭찬해 주었다.

1바오와 2바오는 빛의 속도로 성장하고 있다. 무엇보다 푸바오의 경험과 자료가 있어 안심이 된다. 쌍둥이들의 성장을 지켜보는 매 순간 푸바오의 그때가 생생히 떠오른다. 푸바오가 있었기에 이 녀석들의 다음 과정을 미리 예상해 볼 수 있다.

이렇게 언제나 푸바오는 내게 영원한 아기 판다일 것이다. 그래서 푸바오도 할부지를 오래도록 기억해 주기를 바라는 것일지도 모르겠다.

아기 판다들이 성장하는 모습은
대자연의 신비 그 자체다.
매시간, 모든 순간에
푸바오의 모습이 오버랩되곤 한다.

함께 한 시간만큼
서로에 대한 믿음도 커진다

　　　　　　　　　푸바오는 생후 14일부터 인공
포육을 부분적으로 했다. 하지만 쌍둥이 아기 판다의 경우는
아이바오가 동시에 둘 다 키우기 벅찬 터라 사육사 할부지들
이 좀 더 적극적으로 도와야 했다. 문제는 엄마의 보살핌을 골
고루 받을 수 있도록 5일에 한 번씩 아기를 교체하는 일이다.

　아기 판다들은 처음 한 달은 5일에 한 번, 한 달 이후부터
는 10일에 한 번씩 엄마가 있는 내실과 인큐베이터를 오가며
생활했다. 인큐베이터에서 생활하는 동안에는 최대한 엄마의
보살핌대로 부족함 없이 키워야 한다는 부담도 있었다.

　아기 판다가 태어난 직후, 가장 큰 난관은 아기 판다가 초
유를 먹어야 한다는 것이었다. 만약 초유를 먹지 못하고 분유

에 의존하게 되면 면역성이 떨어져 성장을 이어가기 어려울 수 있다.

초유는 어미에게서 분만 후 약 10일 차까지 나오는 젖을 말한다. 초유는 연한 녹색을 띤다. 시간이 지나며 점차 유백색으로 변한다. 완전히 유백색으로 변하고 나면 초유 성분이 약해졌다고 판단할 수 있다. 이때도 분유에 비해 모유가 우수하기에 가급적 많은 양을 확보해 두려 한다.

인큐베이터에 있는 아기도 부작용을 줄이기 위해 초유와 분유를 혼합해 먹이는데 아이바오의 젖을 직접 짜는 일은 쉽지 않았다.

엄마 판다에게서 초유를 착유하는 이유는 여러 가지가 있다. 첫째, 아기 판다의 면역성을 확보하기 위해서다. 둘째는 인큐베이터에서 성장하는 아기 판다에게 소화 장애 등 문제가 발생했을 때 분유 대신 엄마 판다의 젖을 먹이면 빠른 회복 효과를 보이기 때문이다. 셋째는 분유만 먹였을 때 어미의 젖 성분과 달라 문제가 발생할 수 있어 예방 차원에서 혼합해 먹인다. 엄마의 젖을 먹던 아기가 분유를 먹었을 때 거부 반응이 있거나 체중 증가가 더딜 수 있다.

내실에 들어가 아이바오의 젖을 짜는 일은 매우 조심스럽다(다시 말하지만 판다는 식육목의 맹수다). 특히 아기를 낳고 매우

초유를 짜는 동안 가만히 기다려 주는 아이바오

예민한 상황이니 언제 돌발 상황이 벌어질지 몰라 위험하기도 하다. 물론 아이바오의 성격은 매우 온순한 편이다. 어쩌면 아기를 보호하기 위해 온순을 선택하고 있는지도 모른다.

분만실 안에서 마주 앉아 젖을 짜는 일은 긴장되고 불안하지만 아이바오를 잘 살피며 조심스레 젖을 짠다. 만일을 대비해 어떻게 방어할지도 염두에 두면서 2인 1조로 진행한다. 다행히 아기를 안고 있는 상황에서 공격성은 나타나지 않았다. 서로 적의가 없다는 느낌을 공유하며 맡겨 두는 것이다.

야생동물과 오래 함께하다 보니 믿음의 상태를 파악하는 습관이 생겼다. 이때 중요한 것은 내가 불안해하고 의심하는 순간, 동물도 그 마음을 아주 빠르게 알아차린다는 점이다. 내가 돌보는 동물에 자신감이 있고 신뢰하고 있다는 것을 완전히 보이면 동물도 나를 믿고 화답해 준다. 오히려 내가 지레짐작으로 걱정하는 마음을 품었을 때 공격의 징조를 보인다.

그러나 사육사는 상황이 언제나 급박하게 변할 수 있다는 점을 인식하고 있어야 한다. 갑작스러운 큰 소리나 의도치 않은 돌발 상황이 생길 수도 있으니까. 반드시 퇴로를 확보하고 어떻게 대응해야 할지도 준비되어 있어야 한다. 이는 서로의 믿음을 지키는 길이기도 하다.

쌍둥이들은 분만실과 인큐베이터를 오가며 잘 적응했다. 특히 2바오는 포유 상황이 좋아 작게 태어났지만 생후 20일 차에 언니 1바오를 추월해 성장하기 시작했다. 1바오는 어미의 젖을 잘 빨지 못해 보조 포유를 하며 적응시켜 나갔다.

아이바오는 옆에서 아기의 몸을 받치거나 아기가 젖을 잘 찾고 잘 물 수 있도록 자세를 보정해 주는 작업에도 늘 순순하게 응한다. 똑똑하게도 사육사의 모든 행동이 결국 자신을 돕고 아기에게도 도움이 된다는 사실을 이해하고 받아들이는 눈치다. 오히려 아기가 젖을 잘 빨지 못하고 보채면 도움을 요청하는 듯한 눈빛을 보내기도 한다.

아이바오가 포유를 하는 자세도 아기 판다의 성장에 따라 바뀐다. 갓 태어난 신생아 시절부터 한 달 정도는 아기를 가슴 속에 안아서 포유를 하며 대부분의 시간을 보낸다. 아기가 흘러내리려고 하면 앞발을 이용해 아기를 안아서 받치기도 한다. 한 달쯤 지나 아기가 어느 정도 성장하면 이제 점점 손바닥으로 받치고 있기가 힘들어 펜스에 발을 걸치고 아기가 흘러내리지 않도록 받치는 행동을 한다. 나름 아이바오도 많이 연구해 개발한 방법이다. 아기도 안정적이고 자신도 몸을 지지하며 조금은 편하게 돌볼 수 있는 방법이다.

시간이 조금 더 지나 아기 판다가 스스로 젖을 먹지만 발을 바닥에 지지하지 못해 계속 밀리는 현상이 일어나는데 이때는 자신이 받쳐 주기 힘들기 때문에 아기를 안은 채 몸을 펜스 쪽으로 돌려 아기가 다리를 펜스에 지지할 수 있도록 자리를 잡아 준다. 얼마나 현명한 아이바오인가?

두 달이 지나면 아기 판다들은 뒷다리에 어느 정도 힘이 생겨 스스로 다리를 지지하며 젖을 먹는다. 이때쯤 되면 엄마 판다가 젖을 그만 물리려 해도 거의 빼앗아 먹는 느낌으로 젖을 먹는다. 엄마 판다도 아기를 피할 수 없어 실컷 먹도록 젖을 허락한다.

젖을 먹는 상황을 보면 항상 2바오는 야무지게 젖을 빨고 충분히 먹는 반면, 1바오는 제대로 먹지 못하거나 짧게 먹어 할부지 도움을 필요로 할 때가 많았다. 펜스를 사이에 두고 쪼그리고 앉아 보조해 주지만 마냥 흐뭇하기만 하다.

드디어 100일이 되었다. 쌍둥이들도 이름이 생겼다.

　　　루이바오睿寶, 지혜로운 보물
　　　후이바오輝寶, 빛나는 보물

첫째 1바오는 '루이바오', 둘째 2바오는 '후이바오'다.
루이바오와 후이바오는 푸바오에 비해 성장이 빨랐다. 하

판생 103일 차 루이바오에게 포유하는 모습

분유는 성장 속도에 맞춰 세심하게!

루에 여섯 번씩 젖을 먹이다 4개월이 지나면서 하루 두 번 포유를 했다. 이때 체중은 8킬로그램을 넘어서 눈에 보일 정도로 폭풍 성장하며 개구쟁이가 되어가는 모습에 어쩌면 푸바오보다 더 장난꾸러기가 되겠구나 싶었다. 걷는 속도나 뛰는 속도, 장난을 치는 모습이 예사롭지 않았다.

2023년 11월 4일, 120일 차에 드디어 합사를 했다. 세 모녀의 알콩달콩한 삶이 시작되었다. 아이바오는 모성애도 강하고 육아 능력도 좋아서 루이바오, 후이바오 둘 다 잘 돌볼 테지만 만일을 대비해 아이바오의 분변을 내실 바닥과 아기 판다들에게 묻혀 주었다.

역시 아이바오는 최고의 엄마다. 나의 걱정이 무색하게 루이바오와 후이바오를 살뜰히 보살핀다. 누구 하나 부족하지 않도록 공평하게 젖을 먹이고 배변시키고, 둘을 헷갈려하지도 않는다.

아이바오가 옆방으로 식사 외출을 하고 나면 루이바오와 후이바오는 서로 장난을 치고 같이 활동하는 덕분에 더 빠르게 성장하는 것 같다. 경쟁 아닌 경쟁이 되어가는 모양이다.

체중이 앞서가던 후이바오가 먼저 걸음마를 시작할 거라는 예상을 깨고 루이바오가 첫걸음마를 해냈다. 몸이 가벼우니 걷는 것도 가볍게 시작한다는 느낌으로 발에 잔뜩 힘을 주고 서서 첫발을 떼었고, 후이바오는 일주일 정도 시간이 더 흐른 뒤에야 네 발 서기와 첫걸음마를 했다.

쌍둥이가 걷기 시작한다는 것은 아이바오와 할부지 모두 쉴 새 없이 바빠진다는 의미이기도 하다. 아기 판다들은 걷기 시작하며 그동안 쌓였던 호기심이 폭발한 듯 궁금한 곳, 가고 싶은 곳을 향해 돌진하며 할부지에게도 매달리기 시작했다.

아기들이 커 가는 모습을 보며 육아의 힘듦을 잊는다. 육아의 유일한 보상이라고나 할까? 삶의 낙이라고 해야 할까? 너무 예쁘고 귀엽고 사랑스러운 곰 손녀들을 보며 하루의 고단함을 날려 버린다.

쌍둥 바오들 100일 차, 루이바오(왼쪽)와 후이바오(오른쪽)

어찌 나의 수고로움을
너희들이 내게 준 행복과 비할 수 있을까?
참으로 고맙고 감사하구나.

아이바오, 이제 바빠질 준비되었지?
나는 오케이!!!

푸바오를 쏙 빼 닮은
루이후이의 명랑 성장기

 어미가 새끼를 핥는 행동은 많은 포유동물에서 볼 수 있는 초기 육아의 기본 활동으로, 새끼의 심신 안정과 생체리듬을 정상적으로 유도한다.

아이바오가 아기 판다들을 키우며 가장 열심히 하는 것 중에 하나가 핥아 주기다. 특히 젖을 먹기 전 아기 판다의 몸을 떡 주무르듯 매만지며 구석구석 핥아 주면서 장기들을 깨워 소화 준비를 하게 하고, 배변 후에는 입과 항문 주변을 핥아 위생 관리와 더불어 마사지를 통해 배변과 배뇨를 유도한다. 모두 아기의 성장을 돕는 중요한 과정이다.

내실에 있는 녀석이야 아이바오가 자연스럽게 진행하지만 육아실에서 관리하는 녀석은 사육사가 엄마 역할을 대신해야 한다(아기 판다들이 걷기 시작하면 비로소 스스로 배변이 가능하다).

푸바오 때는 야간 근무를 할 때 판다 모녀를 관찰하며 비상 상황에 대한 조치와 아이바오의 포유를 일부 도와주는 정도였다면 루이바오와 후이바오 때는 온전히 한 마리를 사육사들이 돌봐야 했기에 더욱 노력과 집중이 필요했다.

먼저 아기 판다의 몸이 편안하게 반응하도록 40도 정도의 따뜻한 물과 멸균 처리된 면솜을 준비한다. 꼬물꼬물 작은 녀석을 손바닥 위에 등을 받쳐서 든다. 아기 판다는 몸이 들려진 상태라 거부 반응으로 소리를 지르거나 팔을 저으며 벗어나려 한다. 항문 주변을 톡톡 치며 마사지를 해 주면 녀석은 이내 편안한 상태로 몸을 늘어뜨리고 안정감을 느낀다. 마사지를 지속하면 웃는 표정으로 기다렸다는 듯 소변을 먼저 보고 뒤이어 배변을 한다. 배변 횟수나 양은 성장 과정에 따라 달라진다.

아기 판다에게 배변을 유도하는 시간은 기쁨이자 행복감을 느끼는 시간이다. 엄마 판다는 아기 항문 주변을 혀로 핥아 마사지하고 배변을 하면 핥아서 먹어 처리한다. 아기 판다에게도 엄마 판다에게도 자연스러운 과정이며, 이 또한 자연을 따르는 방식이다.

아이바오가 후이바오를 핥아 주는 모습

사육사가 루이바오의 배변을 유도하는 모습

엄마 판다가 배변 활동을 유도하거나 아기를 굴리듯 만지작거리는 행동은 아기에게 큰 위안을 준다. 아기가 불안한 상황에 노출이 되었다면 어미가 안고 핥는 행동이야말로 가장 빠르게 아기를 안정시키는 도구다. 보통 어미는 새끼를 재우고 대나무를 먹기 위해 이동하는데 아이바오는 먹이를 먹으러 떠나기 전, 먹이를 먹고 돌아온 후 아기를 안아서 핥아 주면서 안정감을 느끼게 하고 함께 잠든다.

잠을 자다가도 무심코 아기를 당겨 여기저기 핥아 주는 아이바오, 발로 아기를 굴리듯 툭툭 차고 가서 입으로 물어 가슴에 안고 거꾸로 뒤집기를 반복하며 핥아 주는 아이바오는 때론 거칠어 보이고 무심해 보이기도 하지만 최상의 육아를 정성스럽게 진행 중인 것이다.

아이바오는 진심으로 아기 판다들의 배변 활동을 도왔다. 이는 생후 4~5개월까지 지속적으로 아기에게 베푸는 육아 포인트 중 하나다. 육아실에서 사육사에게 도움을 받는 루이바오나 후이바오도 이러한 엄마 판다의 행동을 토대로 사육사에게 도움을 받으며 자랐다.

아기 판다의 성장에 따라 아기를 안는 방식이 달라지는 것처럼 육아실에서도 아기 판다의 성장에 따라 육아 방식이 바뀐다. 처음에 손바닥에 등을 받쳐 올려서 감싸 잡고 아기의 배변 활동을 유도하지만 체격이 커짐에 따라 포근한 배변 틀을 만들어 눕힌 상태에서 배변을 유도한다.

배변을 시작하기 전 머리 양쪽으로 팔을 쭉 뻗어 만세를 부르는 듯한 아기 판다의 행동은 사육사를 절로 미소 짓게 하는, 귀여움이 폭발하는 자세다.

3개월을 넘기면서는 2~3일에 한 번씩 배변을 하기 때문에 배변이 미수에 그치는 때가 많다. 아기 판다들이 먹는 젖이나 분유의 성분은 소화 흡수력이 높아 배설물을 많이 만들어 내지 않는다.

4~5개월이 되면 스스로 배변을 하지만 공개된 공간보다는 아이바오가 먹고 남은 대나무나 후미진 곳을 찾아 배변한다. 후이바오가 처음 배변하는 모습을 관찰한 날이 잊히지 않는다. 뒷다리를 굽히고 엉덩이를 바닥에 대듯 자리를 잡더니 꼬리를 치켜들고 배변하는 모습이 어찌나 귀엽고 예쁜지, 천사도 응가를 하는구나, 하는 생각이 저절로 들었다.

푸바오 때와 마찬가지로 루이바오와 후이바오의 똥이 자주 관찰되지는 않는다. 대나무를 먹기 전까지는 배변을 자주 하지 않는 습성 때문에 관찰이 쉽지 않다. 모든 게 처음이었던 만언니 푸바오와의 추억이 떠오른다. 아기 판다의 배변이 관찰되지 않아 문제가 심각하다고 판단되어 중국의 전문가 친구에게 심각하게 묻기도 했다. 알고 나니 웃픈 이야기지만

아이바오는 정말 최고의 엄마다. 판생 66일 차 후이바오와 함께.

경험이 없을 때는 아주 작은 변화도 놀랍고 신기했다.

세상만사 모든 일이 다 그런 듯하다. 알고 나면 별거 아니네 싶지만 모르는 사람에게는 사소한 하나도 아주 소중한 지식이자 기술이 되는 게 아니겠는가? 그러니 모르는 것은 죄가 되지 않는다. 모르는 것을 다 아는 양 배우려 하지 않으면 그게 가장 심각한 문제일 뿐.

이렇게 푸바오를 육아하던 때와 루이바오, 후이바오의 육아 방식에는 조금씩 차이가 있다. 푸바오를 기르며 알게 된 것들 외에 쌍둥이를 관리하면서 새로운 것들을 알아가는 재미가 있다. 낯선 즐거움이랄까.

앞으로도 쌍둥이들의 뒤꽁무니를 쫓으며 좌충우돌 헤맬 날이 많겠지만 새로운 앎이 매일매일을 설레게 한다.

오늘도 판다에게서 삶을 배운다. 고맙다 꼬맹이들, 그리고 아이바오.

루후의 앞날을
예견하며

 루이바오와 후이바오는 하루
가 다르게 커간다. 그렇다고 푸바오에 대한 사랑이 옮겨간 것
은 아니다. 가족이 늘어난 만큼 사랑은 더 확장되고 커질 뿐.

쌍둥이가 태어나는 날 푸바오도 알았다. 옆방에서 들려오
는 쌍둥이의 탄생음에 엄마가 동생들을 낳았다는 것을. 샘이
나기도 했을 것이다. 할부지가 바빠지기 시작하고 이모들이
대신해서 자신을 돌보는 시간이 많아진 건 사실이니까. 푸바
오에게 일일이 설명할 수는 없지만 지금쯤이면 다 알아챘으
리라 믿는다. 물론 몇 번이고 사람 말로 얘기를 하긴 했다.

"푸바오, 새로운 사람을 만나는 건 중요한 학습이야. 그래
야 어떤 사육사를 만나도 당황하지 않고 잘 적응할 수 있단다."

그러고 보니 푸바오가 경험해 보지 못한 것이 있다. 그릇에 담긴 분유 먹기다. 아이바오가 푸바오를 돌볼 때는 젖 양이 충분해서 따로 그릇을 쓰며 분유를 먹일 필요가 없었다.

루이바오와 후이바오는 쌍둥이다 보니 사육사 할부지들이 하루에 두 번씩 분유를 챙겨 준다. 엄마에게 먹는 양으로는 부족할 수 있어 보충해 주는 것이다.

처음에는 젖병으로 먹였지만 생후 5개월이 가까워지며 그릇을 이용했다. 그릇으로 먹는 게 낯설었던지 적응 전에는 먹기를 거부하고 낑낑거리는 쌍둥 판다 소리에 아이바오도 대나무를 먹다 놀라기도 했다. 발을 분유에 담그기도 하고, 그릇에 코를 박거나 부딪쳐 분유를 쏟아 버리기도 하면서 연습한 지 2주 정도가 되니 할부지가 그릇에 타 주는 분유를 먹는 게 자연스러워지고 이제는 그 시간을 기다리는 듯하다.

요즘은 대나무를 먹으러 옆방으로 이동하는 엄마를 쫓아가 함께 대나무를 만지작거리거나 엄마가 먹다 남은 대나무 잎과 줄기에서 어떤 향이 나는지 무척 관심을 가진다. 도대체 엄마는 무슨 맛으로 저렇게 긴 시간 대나무를 먹는지 너무나 궁금할 것 같다. 루이바오와 후이바오에게는 대나무를 만지작거리고 물어뜯어 보는 것만으로도 신나는 놀이다.

엄마가 대나무를 먹는 사이, 루이바오와 후이바오는 서로

그릇에 담긴 분유를 먹고 있는 루이바오

를 의지하며 예쁘게 잠을 자기도 하고, 투닥투닥 둘이서 장난 치는 시간도 많다. 가끔 사고도 친다. 엄마의 고구마 똥은 냄새도 없고 폭신폭신해 거부감이 전혀 없다. 함께 뒹굴다 보면 온몸이 누룽지로 변한다.

요즘 가장 떠오르는 놀잇감은 엄마가 물을 마시는 음수대다. 올라가기도 좋고 루이바오와 후이바오가 몸을 담그기에 꼭 맞는 반신욕 욕조가 된다. 푸바오도 그랬다. 아기들은 언제나 자기 몸에 맞는 공간에 숨거나 들어가 앉는 것을 즐긴다. 특히 후이바오가 물통에 들어가는 것을 좋아해, 할부지와 아이바오에게 끌려 나와도 곧장 물통을 향해 달음질치곤 한다.

문제는 엄마의 고구마 똥과 물통 속을 헤집고 다니다 보면 물에 빠진 생쥐마냥 쫄딱 젖고 만다. 그럴 때마다 "맙소사!" 가 절로 나온다. 루이바오와 후이바오가 실컷 놀고 나면 나는 수건으로 루이, 후이의 온몸을 닦아댄다. 아기 판다들에게는 이 또한 신나는 일이다. 할부지랑 장난치며 장화에 매달리고 다리를 끌어안고 오르는 놀이가 보통 재미있는 일이 아니다.

그러다 보면 '루후'는 다시 뽀송뽀송 천사로 되돌아가고 나는 지쳐 헉헉거리면서도 웃음을 감추지 못한다. 신나게 놀다 보면 어느새 내 다리가 온통 젖어 있다. 맙소사!

푸바오와 만든 추억과 경험, 일련의 과정들이 루이바오, 후이바오에게도 펼쳐질 것이다. 그리고 푸바오처럼 그때가 오겠지. 할부지는 아기 판다들이 성장하고 세상을 배울 동안 점점 나이 들어가겠지만 항상 같은 자리에서 푸바오와 바오 가족들을 생생하게 기억하고 있을 것이다. 바오 가족들은 대자연이 이끄는 대로 각자의 판생을 멋지게 살아가면 된다.

이것이 할부지의 인생이다. 이것이 바오 가족의 판생이다. 우리는 모두 즐겁고 행복할 것이다. 기쁘고 즐거웠던 추억들을 잔뜩 저장해 두었으니까. 그리고 성장 과정을 함께 지켜봐 준 이모, 삼촌 들도 언제나 함께 행복을 추억해 줄 것이기에.

푸바오는 태어나는 순간부터 많은 사람들에게 행복을 선물했다. 육아를 도우며 함께했던 사육사들을 유명하게 만들었고, 많은 사람들의 마음에 희망과 위안을 가득 전해 주었다.

한 생명체로 태어나 이렇게 수많은 사람들에게 행복의 흔적을 남기고 삶의 의미와 가치를 심어 주었다면 역사 속 어느 위인 못지않게 존중받고 인정받을 대상이라고, 나는 감히 생각한다. 부디 푸바오와 바오 가족들을 사랑하고 아끼는 마음으로 그들의 판생을 응원해 주었으면 한다. 푸바오를 대신해 사육사로서 지속적인 사랑과 응원을 보내 준 모든 바오 가족이자 팬 분들께 감사를 전하고 싶다.

실내 놀이터를 누비며 차곡차곡 행복을 쌓아 가고 있는 아루후!

나는 영원히 이 순간들을 잊지 못할 것이다. 나의 곰 손녀들, 사랑한다!
루이바오(왼쪽), 후이바오(오른쪽), 푸바오(오른쪽 페이지)

푸바오는 어디에서든 아이바오와 러바오처럼
자신만의 판생을 눈부시게 살아 내리라 믿는다.
잠시 헤어지지만 푸바오도 나도
눈물을 보이진 않을 것이다.
우리는 친구이자 사랑하는 가족이니까.
나의 영원한 아기 판다 푸바오는
언제나 함께일 거야.

오늘도 유채를 심는다

2024년 2월 4일, 실내 놀이터에 유채를 심었다. 푸바오는 4월 초 중국에 가는 것으로 결정되었고, 푸바오를 에버랜드에서 볼 수 있는 날도 이제 한 달이 남지 않았다. 중국으로 가기 전 한 달 동안은 공개되지 않은 장소에서 검역을 받아야 하는 규정이 있어 푸바오는 3월 초부터 검역에 들어간다.

나는 매년 2월, 판다들의 공간에 유채를 심어 왔다. 2월 말에 심으면 3월 초부터 유채가 만발해 꽃길을 걷는 러바오와, 노란 유채꽃과 잘 어울리는 아이바오, 그리고 유채가 만만해 장난감인 양 쓰러뜨리고 부러뜨리면서도 좋아하는 푸바오를 볼 수 있었다. 바오 가족에게 유채는 특별하다. 어쩌면 나만의 생각일 수도….

올해 나는 푸바오가 중국으로 가기 전에 유채꽃을 꼭 보여
주고 싶었다. 그런데 평소처럼 2월 말에 유채를 심으면 3월
에나 피는 유채꽃을 검역장으로 이동한 푸바오는 볼 수 없다.
급한 마음에 유채 하우스를 관리하는 선배에게 관리 온도를
높여 달라고 부탁했다. 꽃대가 서둘러 올라오길 간절히 빌며
평소보다 약 20일 앞당겨 유채를 식재하기로 했다.

아직 추운 데다 판다월드 오픈 전 새벽에 작업해야 하는 일
의 특성상 이런저런 걱정이 앞섰다. 유채는 동해를 입으면 꽃
대가 성장하기 어렵다. 그런데 입춘인 2월 4일, 쌀쌀하던 날
씨가 영상 3도를 웃돌며 포근해졌다. 나는 늘 운이 좋다. 푸
바오를 위해, 유채를 위해 하늘도 돕는다는 생각이 들었다.

요즘 하루하루가 아쉽고 소중하다. 이제 아이바오와 루이
바오, 후이바오는 오전에, 푸바오는 오후에 놀이터로 나간다.

푸바오가 검역 기간 동안 지내는 방은 태어나서 엄마와 함
께 지내던 분만실이다. 푸바오를 위해 분만 틀을 제거하고 공
간을 넓혔다. 그래도 이전보다 답답하겠지만 이제 좁은 공간
에 적응해야 한다. 엄마가 타고 왔던 이동박스에 적응하는 과
정이기도 하다.

푸바오를 사랑하고 아끼던 이모, 삼촌, 푸덕이님 들이 루이

바오와 후이바오가 놀이터로 나오면서 푸바오를 홀대한다는 이야기도 한다. 그럴 리가! 내게는 바오 가족 모두가 돌봐야 할 대상이고 너무나도 소중하다. 항상 푸바오를 아끼고 사랑하지만 루이바오, 후이바오도 잘 키우는 것이 나의 소임이다.

나는 언제나 푸바오와 함께일 것이다. 루이바오와 후이바오의 성장 과정에서 늘 그때의 푸바오를 떠올릴 것이고, 아이바오를 통해서 곁에 있던 푸바오를 그릴 것이며, 러바오를 통해서 아빠를 무척이나 닮은 큰딸 푸바오를 바라볼 것이다. 무엇보다 푸바오를 응원하고 사랑하는 푸덕이님들을 만날 때마다 푸바오는 내 머릿속을 맴돌 것이다.

오전에 실내 놀이터에 나갔다가 오후에 내실로 들어온 아이바오와 쌍둥이들. 아이바오가 침상에서 배를 하늘로 보이고 누운 채 루이바오에게 비행기를 태워 준다. 푸바오도 비행기 타는 놀이를 좋아했는데…. 푸바오를 비행기 태우는 아이바오도 행복한 표정이었다.

새벽부터 유채를 심으며 바쁘게 보낸 하루였지만 푸바오를 위해 흙을 만지며 내 마음은 안정되었고 마음은 여전히 급했지만 조금은 평온해졌다. 유채를 심고 나서 루이바오와 후이바오에게 신신당부를 했다. 언니가 유채꽃을 볼 수 있도록 제발 유채를 부러뜨리지 말고 잘 돌봐 달라고. 그럴 리 없겠지만 그것이 할부지 마음이란다.

앞으로도 매년 유채를 심으며 푸바오를 생각할 것이다. 루이바오, 후이바오를 퇴근시키며 또 푸바오를 그릴 것이다. 바람에 부딪히며 나는 대나무 이파리 소리를 들으며, 그 소리에 '얼음' 하고 먹기를 멈추며 나를 쳐다보는 아이바오를 보면서 말이다. '얼음 땡' 하며 괜찮다는 내 목소리에 다시 대나무 먹방을 보이는 아이바오를 보면서 또 푸바오를 생각할 것이다. 루이바오, 후이바오가 구르며 괴롭히고 쓰러뜨려도 다시 일어나는 남천바오를 보면서도 유난히 남천바오와 씨름을 즐기던 푸바오를 떠올릴 것이다. 그러면서 서서히 푸바오를 조금씩 마음속 깊이깊이 감춰 가겠지.

다음에 푸바오를 만날 때, 푸바오가 할부지를 알아보지 못할 정도로 새로운 곳에 잘 적응하고 좋아했으면 좋겠다. 잠깐 서운하겠지만 그래도 푸바오에 대한 마음을 조금은 내려놓을 수 있지 않을까?

떠나는 날, 푸바오는 긴장하고 놀란 눈으로 비행기에 오르겠지만 할부지를 보고 안정을 찾았으면 하는 마음으로 늘 입던 사육사 옷을 입고 푸바오 곁에 있을 것이다. 독립을 시키며 말했던 것처럼 푸바오에게 '너는 잘 견디고 적응할 거야. 그리고 어디에서 누구랑 있든지 사랑받고 행복할 거야'라고 또다시 말해 주면서.

푸바오, 정말 고맙고 사랑한다.

할부지가 서운해하더라도 그곳에서 잘 적응하고 푸바오만의 즐겁고 행복한 여행을 계속하길 바란다.

그리고 어릴 적 함께 지냈던 할부지를 조금만, 아주 조금만 생각해 주겠니? 할부지는 해마다 유채와 남천바오를 가꾸고 아끼며 너를 잊지 않고 있을게.

2024년 2월 4일, 푸바오

(Special Column)

사육사로 산다는 것

사육사가 되는 길

 사육사들 사이에 떠도는 말이 있다. 사육사는 46가지 직업을 합친 것만큼 일하기 때문에 사육사란다. 우스갯소리로 주고받는 이야기지만 그만큼 다양한 일을 하기 때문일 것이다. 달리 해석하면 사육사는 동물 관련된 모든 일을 직접 할 수 있어야 한다는 의미이지 않을까?

소, 돼지, 닭 등 산업화된 동물이나 반려동물을 키우는 사람을 사육사라 부르지 않는다. 일반화되지 않은 야생동물을 돌보는 일에 종사하는 사람을 사육사라고 부른다. 주로 동물원에서 사양관리 업무를 담당하는 사람들이 대표적이다.

주위 사육사들에게 이 일을 하게 된 계기를 물어보면 대부분 동물이 좋아서라고 말한다. 동물에게 유독 정이 가고, 친근함을 느끼며, 때론 위안받고, 함께 있으면 교감하는 느낌이 든다. 사육사는 이런 마음과 함께 미지의 동물, 길들지 않은 동물에 또 다른 정을 느낀다. 야생성이 살아 있거나 아직 알려지지 않은 신비로운 동물에 대해 알아가고 그들과 함께하기를 바란다.

그런데 아이러니한 점이 하나 있다. 막상 사육사라는 직업을 갖게 되면 그 마음과는 다르게 행동해야 한다는 점이다. 공간과 먹이를 제한하고, 생활 기준을 사람에 맞추도록 유도하고 적응시키는 일을 해야 한다. 동물을 사람들이 규정한 공간에 가두고 보여지는 것에 대해 회의를 느끼는 사람들도 많다. 그래서 동물 해방을 외치기도 한다.

사육사가 되고 싶다면 이런 아이러니한 상황에서 동물들이 처한 상황을 인정해야 한다. 그 틀에서 동물과 함께하며 돌보고 진심을 다해 그들의 편이 되어야 한다.

실제로 동물원에서 처음 일하는 사람 중에는 자신이 꿈꾸던 사육사가 하는 일이 생각과 달라 놀라고 당황하기도 한다. 먹이를 다듬거나 동물사를 청소하는 갖가지 허드렛일을 수없이 하고, 동물원에 온 사람들 앞에 서서 재미있는 설명을 들려주기도 한다. 정작 동물들을 끌어안고 쓰다듬으며 교감할 여유가 없다. 동물에게 친근감을 마음껏 표현하고 싶어도 안전이 보장되지 않는다. 사육사가 되고 싶다면 이 모든 것을 인정하고 받아들여야 한다.

　이상과 현실 사이에서 갈등하고 고민하더라도 자신의 꿈과 생각을 현실에 맞춰 조율할 수 있는가? 현실을 인정하고 새로운 목표와 비전을 세울 수 있는 의지와 실행력이 있는가?

　각오가 되어 있다면 동물들에게 자신의 존재를 인식시켜 나가는 진정한 사육사가 될 수 있을 것이다.

: 사육사라는 꿈 너머의 꿈은 무엇인가 :

최근에 사육사를 꿈꾸는 학생이나 젊은 친구들이 부쩍 늘었다. 인터뷰나 방송을 통해 얼굴이 알려지면서 어떻게 하면 사육사가 될 수 있는지 묻는 사람들도 많다. 나는 사육사가 되고 싶어 하는 사람들에게 이렇게 묻고 싶다.

　"사육사라는 꿈 너머의 꿈은 무엇인가요?"

　동물원 사육사가 되고 싶어 어린 시절부터 줄곧 꿈을 키워온 사람이 있었다. 노력 끝에 그토록 꿈꾸던 사육사가 되었지만 그는 오래지 않아 동물원을 떠나고 말았다. 자신이 그렸던 사육사의 역할과 일이 많이 달랐기 때문이다.

　항상 꿈에는 그 너머에 꿈과 목표가 있어야 한다. 사육사가 되어서 하고 싶은 일은 무엇인가? 동물들에게 해 주고 싶은 것은 무엇인가? 동물들과 함께 세상을 어떻게 바꾸고 싶은가? 돌보는 동물들의 가치를 키우고 자신의 가치도 함께 만들 수 있는 방법은 무엇인가? 동물을 보러 온 사람들에게 전달하고 싶은 메시지는 무엇인가?

사육사가 되는 것까지만 생각한 사람들은 사육사가 되고 나면 마음이 헛헛해진다. 목표가 사라졌기 때문이다. 그래서 꿈 너머의 꿈이 있어야 에너지를 지속적으로 생산하며 진짜 사육사로서 동물들과 함께 이루고자 하는 목표를 향해 매진할 수 있다. 그게 어디 사육사뿐이겠는가?

동물원에서 동물들이 가장 힘들어 하는 이유 중 하나는 사육사의 잦은 교체다. 동물들도 새로운 사육사와 만나고 알아가며 적응하는 데 꽤 시간이 걸린다. 물론 동물원에는 각 동물을 돌보는 매뉴얼이 있다. 사육사가 교체되면 똑같은 매뉴얼을 적용해 동물들이 받을 스트레스를 최소화한다.

그러나 사람마다 생각과 행동 패턴, 루틴이 달라서 동물들은 낯섦을 느낀다. 흔히 똑같은 레시피로 요리해도 맛이 다른 이유를 손맛이 다르기 때문이라고 한다. 마찬가지로 사육사가 바뀌고 동일한 기준으로 일한다 해도 동물들은 바뀐 사육사에게 다시 적응해야 한다.

예를 들면 사람마다 걸음걸이의 에너지가 다르다. 손을 움직이는 강도도, 식습관에 따라 풍기는 향도 다르다. 목소리 톤도 다르고, 바라보는 눈빛도 다르다. 기준으로 적용할 수 없는 다름이 열거하기 힘들 만큼 많다. 게다가 동물들은 인간보다 감각이 남달라 더욱 예민하게 알아챈다. 사육사가 자주 바뀌면 그만큼 동물들은 부정적 변화가 잦은 상황에 놓이게 되는 것이다.

만약 한번 경험해 보고 싶어서라거나 가벼운 마음으로 이 길을 걸으려 한다면 사육사라는 꿈은 과감히 지워 버리길 바란다. 그런 마음이라면 자신의 의지와 다르게, 좋은 감정을 가지고 있던 동물들에게 오히려 스트레스를 줄 수도 있다.

: 동물도 당신을 알아갈 시간이 필요하다 :

반려동물을 키우는 분들이 많아진 요즘, 반려동물을 대하듯 야생동물에게 접근하는 경우가 있다. 하지만 야생동물은 반려동물이 아니다. 야생동물에게 성급하게 교감을 요구해서는 안 된다. 각 동물의 습성이나 성향을 모르는 상태에서 동물에게 친근감을 표현하려다 화를 자초하기도 한다.

만약 사육사로 일하게 된다면 동물들에게 충분한 시간을 주자. 개체 간 성향을 존중해야 한다. 내가 동물을 알아가는 시간도 필요하지만 동물도 새로운 사육사인 나를 알아갈 시간이 필요하다. 담당하게 된 동물의 출생 배경은 어떤지, 부모들의 성향과 환경은 어떠했는지 조사해 보자. 어린 시절 자란 장소와 환경, 담당 사육사 등 해당 동물의 성장 과정에 대

해 알아 두는 게 굉장히 중요하다.

한 사람의 현재를 만든 것은 그 사람의 과거다. 동물들도 개체마다 현재의 습성과 성향을 갖게 한 과거가 있다. 삶의 과정을 세세하게 알수록 그 동물에 대해 이해하고 교감하는 데 많은 도움이 된다. 또한 사육사로서 동물들에게 해 줄 수 있는 복지의 폭이 넓어진다.

사육사가 되고 싶다면, 동물원에서 일하게 되었다면 책임감과 주인의식이 필수다. 반려동물도 그러하지만 야생동물을 돌보기 위해서는 상당한 희생정신이 요구된다. 종의 특성은 물론 각 개체의 특성을 충분히 이해하고 신뢰를 얻을 때까지 노력하고 기다리는 인내심도 필요하다.

어느 일이나 직업도 마찬가지다. 기본적으로 지켜야 하는 기준이 있고, 거기서 내가 더 해도 되고 안 해도 되는 일이 존재한다. 특히 동물원 사육사라는 직업이 그렇다. 안 해도 되지만 동물을 위해 더 해 줄 수 있는 영역이 많다. 이를 위해 지속적으로 탐구하고 고민하고 도전하는 게 사육사의 중요한 자질이 아닐까 생각한다. 그런 사육사의 진심 어린 눈빛과 마음을 머지않아 동물도 느낀다.

천천히 동물을 이해하고 동물이 나를 이해하도록 기다리자. 결국 이해하는 만큼 사랑하고 교감할 수 있으니까.

사육사가 가는 길

'덕업일치'라는 말이 있다. 좋아하는 일을 하면서 수익도 얻는 일거양득의 모습이다. 나는 여기에 '존경'이라는 단어를 더하고 싶다. '존경받는 덕업일치'다.

내가 좋아하는 일을 하며 사는 것만큼 행복한 일이 또 있을까? 그 일을 하면서 먹고사는 문제도 해결된다면 이보다 더 좋을 수 없다. 여기에 주변 사람들로부터 존경까지 받는다면? 그야말로 성공한 삶이 아니겠는가.

사육사라는 직업이 그렇다. 유난히 동물을 좋아하던 내가 동물원에서 일하게 되었고, 사랑하는 동물들과 함께 많은 추억과 행복한 경험을 쌓아가고 있다. 결혼해 4인 가족을 이루었고 먹고사는 데 문제가 없다. 그리고 가족들과 후배들, 많은 사육사를 꿈꾸는 사람들이 최고의 사육사라며 칭찬을 아끼지 않는다. 아내는 내게 세상에서 가장 존경하는 사람이라는 표현을 자주 한다.

아내는 20대 초반에 동물원에 입사했고 판다월드에서 함께 근무하기도 했다. 나는 아내보다 키도 작고, 나이도 여덟 살이나 많다. 외모 면에서도 누구 하나 어울린다고 생각하는 사람이 없었다. 그런 아내가 나를 좋아한 이유는 딱 하나란다. 자신의 일에 진심으로 최선을 다하는 모습이 프로다워서다. 가족에게 존경받는다는 것은 대단히 고무적이다.

: 사육사는 생명을 지키기 위해 노력하는 사람이다 :

동물원이라고 동물만 있겠는가? 동물원에는 사육사, 수의사, 그리팅 등 다양한 포지션의 사람들이 일한다. 매일 손님을 포함해 많은 사람들이 거쳐 간다. 이처럼 수많은 사람들 중 동물 입장에서 가장 자주, 가장 가까이에서 만나는 사람은 사육사다. 그러니 사육사는 동물을 좋아해야 하고, 언제나 동물의 편에서 생각할 수 있어야 한다. 무엇보다 생명을 다루는 일이기에 동물이 좋아하는 것, 원하는 것, 필요한 것이 무엇인지 끊임없이 생각하고 제공하려 애써야 한다. 꼭 업무 시간과 편성된 예산에만 국한해 고민하는 것이 아니라 가능한 방법을 찾고 공부해야 한다.

나는 시골에서 농사꾼의 아들로 태어나 어릴 때부터 어른들의 일손을 도우며 자랐는데, 사육사로 살아가는 일에 굉장히 큰 도움이 되었다. 식물과 동물을 따로 생각할 수 없는 하나의 자연이라는 생각에 뒤늦게 조경학과에 편입해 공부하기도 했다. 이런 노력과 시간을 통해 얼마나 동물들에게 폭넓고 다양한 것들을 제공할 수 있는지 모른다.

사람이나 동물이나 식물을 통해 마음의 안정과 평화를 찾을 수 있다. 야생동물들이 조금이나마 그들 본연의 모습대로 살 수 있도록 식물로 환경을 조성해 준다면, 분명 그 정성과 마음은 동물들에게도 전해질 것이다.

매년 2월 말 즈음, 아이바오와 러바오를 데리고 오던 해부터 잊지 않고 하는 일이 하나 있다. 바로 유채를 심는 일이다. 큰줄흰나비의 먹이를 생산하기 위해 항상 유채를 식재하고 관리하는 곤충 담당 부서에 약 200포기 정도의 유채를 따로 주문한다. 매년 주문하다 보니 이제는 담당 부서에서도 당연하다는 듯 유채를 추가로 심어 관리한다.

나는 곱게 자란 유채를 판다들의 실내 놀이터에 심는다. 보통 3일 정도 새벽에 나와 작업한다. 3월부터 5월 초까지 샛노랗게 피는 유채를 판다들에게 보여 주기 위해서다.

아이바오와 러바오를 데려오기 위해 중국 쓰촨성에 갔을 때 판다 기지 주변이 온통 유채밭이어서 활짝 핀 유채꽃 향으로 가득했다. 당연히 판다들도 유채꽃 향기를 맡으며 성장하고 생활했으리라는 생각에 매년 고향을 추억할 수 있도록 유채를 심는 것이다. 바오 가족들의 마음을 알 길이 없기에 내가 느낀 대로, 바오 가족들을 위해 마음을 쓴다. 나도 좋고, 판다도 좋고, 판다를 보는 손님들도 좋으면 되었지 싶다.

남천이라는 관목을 식재하기도 한다. 실내 놀이터에 봄에는 노란 유채가, 가을에는 붉게 물드는 남천이 적격이다.

1년 내내 낙엽이 지지 않고 유지되는 남천을 심으면 러바오는 망치지 않고 잘 관리하며 예쁜 공간을 만든다. 그런데 아이바오와 푸바오는 할부지에게 보란 듯 남천을 향해 자신이 볼링공이 된 마냥 데굴데굴 구르거나 힘을 과시한다.

특히 푸바오가 그랬다. 한창 자라면서 아직 힘이 세지 않을 때 작은 남천 나무가 만만했던지 남천을 괴롭히며 자신의 힘을 과시하곤 했다. 남천은 자신을 희생해 어린 푸바오에게 적당한 적수가 되어 주었다(물론 푸바오는 다 자란 지금도 남천을 종종 괴롭힌다). 그럴 때마다 푸바오에게 구시렁대며 잔소리를 하지만 어찌 미워서 치는 야단이겠는가. 남천에게는 미안하지만 푸바오에게 야성을 키워 줄 장난감이 되어 주니 할부지 마음은 흐뭇하기만 하다.

사육사 후배들 중 반복되는 단순한 업무들에 불만을 토로하는 사람도 있다. 매일 출근하면 동물들 상태를 관찰하고, 먹이를 준비해 챙겨 주고, 동물사를 청소하고, 안전에 이상이 없는지 관리하고, 잠자리를 살핀다. 이렇게 보면 사육사의 업무는 단순하기 짝이 없다. 그런데 동물원에서 하는 일을 좀 더 입체적으로 세분화해 바라보면 정말 많은 변화가 빠르게 진행된다.

매일 아침, 출근해 지난밤 동물들이 어떻게 지냈는지 살필 때, 각 개체들의 반응이 다 다르고, 잠에서 깨는 모습이 새롭다. 동물들도 그날그날 기분이 바뀌고, 먹이에 대한 반응도 제각각인 데다 건강 정보를 제공하는 부산물의 상황이 다르다. 또한 개체마다 관계가 달라지고, 성장하는 속도나 모습도, 사육사와 하는 밀당도 가지각색이다.

결국 이들을 관찰하고 돌보는 사육사의 역량이나 의지의 차이에 따라 동물들의 다양한 모습을 아예 보지 못하거나 매일 새로움을 발견하게 되는 것이다.

사육사는 동물들의 작은 변화도 놓치지 않고 캐치해 원인을 파악하고 규명하기 위해 부단히 노력해야 한다. 세심한 관심과 관찰, 분석, 연구, 교감이 함께 이루어져야 동물들의 변화를 제대로 해석할 수 있다. 그러니 동물들을 돌보는 일이 단순 반복적이라는 표현은 부적절하다.

: 사육사는 기록하는 사람이다 :

사육사는 기억보다 기록한 데이터에 집중할 필요가 있다. 동물들의 성장 과정, 질병 관계, 복지 개선, 계절별 이슈, 행동 상태, 개체별 관계나 다툼, 채식, 피모 상황, 배설물 상태, 번식과 관련된 변화 등 촘촘한 그물망처럼 보고 듣고 느낀 것을 기록하는 것을 습관화해야 한다.

　지금 당장은 별다를 게 없는 기록이어도 시간이 지나 데이터가 충분히 쌓이면 사육 관리의 힘은 기록에서 발현되는 경우가 많다. 나아가 방향성을 제시해 주기도 한다. 침팬지 연구가이면서 환경운동가인 제인 구달Jane Goodall은 아프리카 곰베에서 침팬지를 연구하라는, 인류학자이자 그의 스승인 루이스 리키Louis Seymour Bazett Leakey의 권유로 연구를 하게 되었다.

　제인 구달은 무작정 침팬지의 주변을 따르며 모든 일을 기록하는 것으로 연구를 시작했다. 그렇게 쌓인 데이터를 분석해 침팬지라는 동물에 대해 차근차근 알아갔고, 유인원에 대해 밝혀지지 않은 분야에 괄목할 만한 연구 성과를 내놓았다. 이는 철저한 기록의 결과물을 이용해 데이터화한, 축적된 자료의 성과다.

　점차 제인 구달은 침팬지 전문가로 세계적으로 인정받게

되었고, 80세가 넘은 나이에도 왕성한 환경운동을 펼치고 있으며, 침팬지를 비롯한 동물의 편에서 사람들을 설득하고 있다. 이처럼 기록의 힘은 굉장히 세다.

나는 운 좋게도 두 번이나 제인 구달을 만날 기회가 있었고, 그의 이야기에 큰 영감을 받았다. 실제로 유인원을 담당할 때 중요 동물 관찰기록표를 만들어 건강 관리를 하면서 많은 도움을 받았고, 기록한 데이터를 분석해 자료화하고 사육 관리를 더욱 치밀하게 할 수 있는 자료를 추출할 수 있었다. 이러한 기록 관리법은 판다들을 관리하는 데도 활용해 푸바오와 쌍둥이의 탄생과 관리에 큰 도움이 되었다.

이처럼 아주 작은 단위까지도 관찰하고 기록하는 습관이야말로 사육사가 갖춰야 할 가장 큰 덕목 중 하나다.

: 사육사는 규칙을 만드는 사람이다 :

사육사는 야생동물들이 사람들과 공존하기 위한 규칙을 정하고 서로 지킬 수 있도록 루틴을 만드는 사람이다.

가족들 사이에도 무언의 규칙이 있다. 서로 침해하지 말아야 할 공간이 있고, 존중해야 할 가치관이 있으며, 절대 무시하지 말아야 할 개인 성향이 있다. 사육사와 동물 간에도 일정한 규칙이 필요하고, 이를 서로 지키려는 노력이 필요하다.

가끔 반려동물의 행동 문제로 어려움을 겪는다는 사람들

의 하소연을 듣는다. 깊이 들여다보면 결국 동물의 문제라기보다 제대로 정해지지 않은 규칙과, 규칙이 있다 해도 스스로 무력화시키는 사람의 문제인 경우가 대부분이다. 사람의 기분에 따라 규칙이 바뀌거나 상황에 따라 지키지 않아도 되고 지켜도 되는 규칙인 경우, 동물들은 혼란스럽다.

허용되는 공간, 먹이를 먹어야 하는 시간대, 정해진 이동시간, 배변 장소, 공격 행동의 제한, 상호 불가침 구역 등 필요한 규칙을 정하고 지키도록 하는 것이 중요하며 유연한 변화는 가급적 삼가는 것이 좋다.

집에서 반려동물과 생활하는 경우, 동물을 포함해 모든 가족이 동일한 기준과 규칙을 지켜야 한다. 모두가 지켜야 동물도 명확한 가족으로서 함께 공동체를 만들어 갈 수 있다.

: 사육사는 기본을 지키는 사람이다 :

동물원에서 근무하다 보면 기본 업무에 소홀해질 때가 있다. 동물들의 상태를 관찰하고, 사료를 조리하거나 준비하고, 동물사를 청소하고, 동물들의 곁을 지키는 일을 매일 거의 같은 시간에 반복적으로 하기 때문이다. 하지만 이때가 가장 경계해야 할 중요한 순간이다.

야생동물의 경우 사육사가 동물들의 상황을 가장 먼저, 가장 깊고 정확하게 알고 교감해야 하는데, 이런 기본적인 업무를 놓기 시작하면 자신도 모르는 사이에 동물들의 건강 상태를 놓치는 일이 발생한다.

단순해 보여도 동물들 곁에서 진행하는 기본 업무는 동물들의 건강 상태와 마음 관리, 개체별 히스토리를 관리하는 필수요소다. 동물들의 정상 수준을 늘 인지할 수 있고, 작은 변화만 생겨도 금방 알아챌 수 있어 문제와 원인을 빠르게 파악할 수 있다. 따라서 사육사라면 가장 기본이 되는 업무들을 결코 소홀히 해서는 안 된다. 몸이 편해지려고 계산하다 보면 후배들에게 일을 맡기거나 등한시하게 된다.

기본적인 업무를 놓치지 않고 고집스럽게 해 나갈 때 동물과의 교감도, 동물들의 건강 상태도 항상 최상을 유지할 수 있다. 다시 말해 동물들이 사육사에게 보내는 건강 신호와 요구사항, 보호 요청 들에 대해 곁에서 늘 대처가 가능해야 한다는 말이다.

사육사가 머무는 길

　　　　　　　　　　　어떤 일을 하든 연차가 쌓이면
좋아지는 것과 나빠지는 것이 있다. 경험치가 늘면서 업무 능
력은 향상되지만 자만심도 함께 자란다면 독이 되기도 한다.

　사육사로 37년간 일하며 절대 놓지 않은 게 있다. 바로 꾸
준한 자기계발이다. 자기 자신을 계발한다는 것은 많은 의미
가 있다. 일단 마인드 컨트롤 하는 데 큰 도움이 된다.

　사육사의 경우, 많은 동물을 돌본 경험을 바탕으로 노련하
게 대처하지만 이제껏 쌓아 온 경험이 통하지 않는 경우도 허
다하다. 동물들은 컨베이어 벨트에 꼭 맞춰 돌아가는 톱니바
퀴가 아니다. 상황에 따라 오만 가지 방법으로 해결하려 하고
돌파할 방법을 찾아낸다. 그리고 각 개체마다 성향이나 자라

온 배경, 경험치가 달라 동일한 상황에서도 방사장을 벗어나는 등 예측하기 힘든 돌발 행동을 하기도 한다. 이럴 때 사육사가 차분하게 대처하지 못하고 동물과 함께 당황하거나 패닉에 빠지면 위험한 상황이 벌어질 수 있다.

: 배우는 자는 생각이 녹슬지 않는다 :

지금은 영상도 찍고 많은 사람들 앞에서 강연도 하지만 나는 굉장히 내성적인 성격이었다.

1999년 밍밍과 리리가 돌아간 후, 한국호랑이와 백호, 북극곰을 담당했다. 그때 처음 손님들에게 사육사들이 직접 담당 동물에 대한 설명을 하게 되었다. 남 앞에 나서는 것이 두려울 정도로 어려웠던 나는 드디어 동물원을 떠날 때가 되었나, 생각할 정도로 고민이 컸다. 마이크를 착용하고 남들 앞에 서서 말한다는 것 자체가 굉장한 공포였다.

우선 설명할 내용을 모두 글로 적었다. 총 다섯 장의 원고를 작성해 열심히 외웠다. 첫날, 잔뜩 긴장한 채로 헤드셋 마이크를 착용하고 손님들 앞에 섰다. 그 뒤로 무슨 이야기를 했는지 전혀 생각이 나지 않는다. 손님들과 도저히 눈을 마주칠 수 없어 동물만 보면서 이야기했다. 온몸에 식은땀이 흐르고 끝나고 나니 몸에 힘이 쭉 빠져나갔다.

이렇게 어렵게 동물에 대한 설명을 한 지 2주 정도 지났을 때, 힘겹게 설명을 마치고 나오던 내 어깨를 누군가 탁 쳤다. 뒤돌아보니 부사장님이었다.

"야, 철원이가 사람들을 아주 가지고 노는구나."

이게 무슨 어처구니없는 말인가? 아무리 해도 익숙해지지 않는 긴장감과 떨리는 마음을 겨우 붙잡고 정신 없이 설명했는데 반응이 좋았다고? 그 순간이 지금도 생생하다. 머리를 세게 망치로 맞은 듯했다. 우선 부사장님이 뒤에서 다 보고 있었다는 게 충격이었고, 내 이야기가 손님들을 가지고 놀 정도로 재미있었다는 게 너무나 놀라웠다.

그때 큰 깨달음을 얻었다. 나는 떨고 있지만 남들은 아무도 관심이 없다는 것을, 내가 스스로 떨린다고 이야기하기 전에는 잘 알아채지도 못한다는 걸 알게 되었다.

내 인생에 큰 전환점을 가져다준 사건이었다. 남 앞에 서는 걸 그리 두려워하지 않아도 된다는 것을 깨닫자 설명하면서 조금씩 사람들과 눈도 마주치고 반응이 어떤지도 살펴보게 되었다.

이후에는 좀 더 흥미진진하게 내용을 전달하고 싶어 원고를 고치고 애드리브도 끼워 넣고, 그에 대한 손님들의 반응을 살피고 조율하며 더 발전해 갔다. 점차 긴장감과 두려움을 즐기는 용기를 얻었다.

남 앞에 잘 나서지 못하던 젊은 시절, 어떻게든 상황을 타파해 보고자 시작한 노력들은 다양한 리더십 사이버 과정 이수와 오프라인 Fun리더십, 웃음치료, 리더십 강사 활동으로 이어졌고, 점차 발전하는 나 자신을 발견할 수 있었다.

부끄럽지만 현재 강사로서 1700시간 이상 교육봉사를 하고 있다. 100강 이상의 리더십, 자기계발 관련 사이버 강의를 통해 얻은 지식들은 동물들을 스토리텔링하고, 알리고, 돋보이게 하는 데 큰 영향을 주었다.

독학으로 조금 터득한 중국어도 판다 관련 인적 네트워킹을 유지하는 데 큰 도움이 되고 있다. 처음에 판다를 담당하던 시절, 중국 관리자가 세 명이나 있었는데도 중국어 공부를 해야겠다는 생각을 안 했는데 사이버 강의를 통해 중국어를 접하고 재미를 느끼기 시작했다. 좀 더 일찍 배웠으면 현지인들에게 제대로 배울 수 있었을 텐데 하는 아쉬움도 있지만 늘 오늘이 가장 빠른 날이 아니겠는가?

끊임없는 자기계발을 통해 동물학과 학사를 취득했고, 동물들의 삶을 풍성하게 하고자 조경학과에 편입했다. 희귀동물 번식에 도움을 받고자 동물번식학 석사 과정을 공부할 때는 업무 후 공부를 병행하느라 녹록지 않은 과정이었으나 더없이 값지고 보람된 시간이었다.

배우는 자는 생각이 녹슬지 않는다. 눈에 생동감이 넘치고 걸음걸이가 경쾌하고 움직임에 활력이 배어난다. 배웠던 조각들이 떠돌다 어느 순간 맞춰지면서 창의적인 아이디어들이 수면 위로 올라온다. 이는 모두 내가 하는 일에 도움이 된다. 실제로 동물들에게 베풀 수 있는 범위가 넓어지는 걸 경험했다. 이 얼마나 기쁘지 아니한가. 내가 사랑하는 대상에 해 줄 수 있는 일이 늘어날수록 사육사가 느끼는 행복의 범위도 확장된다.

: 사육사의 체력은 동물의 복지로 이어진다 :

사육사는 체력 관리도 열심히 해야 한다. 모든 일이 그렇겠지만 평소 관리를 잘하지 않으면 동물이 나를 필요로 할 때 곁에 있어 줄 수 없다.

한동안 검도에 심취해 매일 저녁 체육관에서 땀 속에서 수영하듯 운동을 했다. 대련 후 정좌하고 두건을 벗을 때 두건과 함께 모락모락 몸에서 피어나는 하얀 김의 매력에 깊이 빠지기도 했다.

산 가까이 살 때는 3년 넘게 매일 새벽 산행을 하고 출근했다. 산과 떨어진 곳으로 이사한 후에는 매일 아침 아파트 피트니스 센터에서 운동하고 출근한다. 코로나19로 인해 피트니스 센터가 휴장했을 때는 아파트 계단을 올랐다. 지하 2층부터 엘리베이터실 층까지 총 20층을 왕복해서 다섯 번 오르면 딱 100층을 오르는 셈이다. 건강도 챙기는 한편 조용히 계단을 오르며 사색하는 시간으로 활용했다.

10여 년 전 장기와 안구 기증을 서약했는데 만일 장기가 부실하거나 아예 기증을 못한다면 그 또한 낭패가 아닌가 하는 생각에 금연도 하고 과음도 가급적 하지 않는다. 그리고 무슨 일이 있어도 삼시세끼를 꼬박꼬박 챙겨 먹는다. 이런 습관들이 기본적인 체력 관리는 물론 일하는 데 있어서도 큰 도움이 되고 있다.

: 사육사는 늘 현역이어야 한다 :

사육사는 항상 동물들을 곁에서 돌보고 지켜야 한다. 고참 사육사가 되었다고 관리자 입장에서 일하다 보면 동물들의 세세한 변화를 감지하기 힘들다.

나는 37년 차 사육사지만 동물들의 시설물을 관리하고 먹이를 주고 청소하는 일에 항상 집중하려 한다. 동물이 사는 공간이 안전하도록 항상 살피고, 동물들의 건강 상태를 체크한다. 동물들을 지킬 수 있는 길은 동물들에 밀착해 있어야 가능하다.

야생동물일수록 보여 주지 않으려는 것들이 많다. 자세히 관찰하지 않으면 놓치고 그냥 넘어가는 일들이 허다하다. 동물들의 소소한 행동, 생활 공간의 변화, 냄새나 흔적, 행동 반경, 위치 이동 등 작은 변화나 움직임에는 모두 이유가 있다. 그래서 기본 업무들이 중요하고, 변화의 원인을 분석해 개선이 필요하다면 대응책까지 항상 함께 고려해야 한다. 사육사는 동물들의 의도와 생각을 읽어 내기 위해 끊임없이 노력해야 하는 것이다. 이를 게을리하면 동물과도 거리감이 생긴다.

동물들이 사육사를 대하는 행동에서 드러나는 진심은 결코 거짓일 수 없다. 야생동물은 잠시 잘해 준다고 신뢰해 주지 않는다. 그러니 동물과의 교감은 사육사가 하는 모든 생각과 행동의 결과물이다.

: 사육사는 자신이 돌보는 동물을 빛나게 하는 사람이다 :

훌륭한 사육사는 어떤 사람일까? 동물들에게 꾸준히 진심을 다하는 사람이라고 생각한다.

어느 일이나 마찬가지겠지만 어려운 일은 늘 있다. 고난과 위기는 변수가 아니라 '상수'라는 생각을 갖는다면 마음 관리에 많은 도움이 된다. 최악의 상황이 오더라도 대응할 준비가 되어 있다면 쉽게 당황하지 않고 어떤 일도 차분하게 해결할 수 있다.

신기하게도 동물들은 사육사의 심리 상태를 금방 알아차린다. 기분이 좋은지 나쁜지, 내게 마음을 열었는지 닫았는지,

나를 두려워하는지 편하게 생각하는지, 가까이 갈 때 자신이 있는지 없는지 등을 사육사의 표정과 행동, 풍기는 향을 통해 파악한다.

일을 하다 보면 동물의 건강 관리를 위해 동물을 포획하거나 보정할 일이 생긴다. 이때 접근하는 사육사의 심리 상태가 불안하다면 공격 대상이 될 수 있다. 어떤 상황에서도 대처할 수 있다는 자신감이 가득하면 동물들도 공격하지 않고 순응하는 태도를 보인다.

동물들도 생각한다. 동물들도 표정이 있고, 내 표정을 읽을 수 있다. 동물들도 감정이 있고 표현할 줄 안다. 동물들도 계획을 세운다. 때론 사육사의 마음을 읽고 조종하려 한다. 동물들도 원하는 것을 얻기 위해 두뇌를 활용한다. 그리고 동물들도 타이밍을 계산한다. 그들만의 루틴이 생기면 벗어나려 하지 않는다. 동물들도 의리가 있다. 친구를 위해 위험에 뛰어들기도 한다. 설사 과학적인 근거로 그렇지 않다고 하더라도 사육사는 자신이 돌보는 동물을 믿어야 한다고 생각한다. 동물은 나의 친구이자 가족이기 때문이다.

동물들의 사소한 행동과 작은 변화에도 민감하게 생각하고 원인과 이유를 찾아보자. 그게 바로 동물들이 사육사에게 전하고 싶은 메시지이고 대화 방식이기 때문이다. 사육사로서 가장 가슴 아픈 일은 내가 돌보는 동물과 이별하거나 동물이 아프거나, 생을 달리 했을 때 그들에게 최선을 다하지 못했다며 후회하는 일이다.

최선의 노력을 경주하고 혼신의 힘을 쏟는다고 모든 일에 결과가 좋을 수만은 없다. 뜻대로 되지 않는 경우도 많다. 그러나 최소한 동물들에게 문제가 생기거나 잘못되었을 때 좀 더 잘하지 못했음을 후회하는 사육사는 되지 말자고 다짐하곤 한다. 언제나 동물들에게 좋은 사육사가 되기 위해 늘 노력할 것이다.

동물들의 삶과 가치를 정성껏 가꿔 줄 준비가 되었는가? 어떤 순간에도 동물의 입장에서 생각하고 그들 편에서 항상 곁에 있을 준비가 되었는가?

그렇다면 이미 당신은 사육사다.

사진 정보

ⓒ 강철원

89쪽, 98쪽, 107쪽, 115쪽, 117쪽, 122쪽(아래), 130쪽, 140쪽, 165쪽, 174쪽, 181쪽(아래), 216쪽, 223쪽, 251쪽, 267쪽, 268쪽, 288쪽(위), 295쪽, 303쪽

에버랜드 동물원은 중국야생동물보호협회, 중국 자이언트판다 보호연구센터와 함께 자이언트판다의 보호 및 보전에 노력하고 있습니다.

나는 행복한 푸바오 할부지입니다

초판 1쇄 발행일 2024년 2월 25일
초판 5쇄 발행일 2024년 3월 25일

글 강철원(에버랜드 동물원)
사진 류정훈(에버랜드 커뮤니케이션 그룹), 강철원(에버랜드 동물원)

발행인 조윤성

편집 이효원, 콘텐츠2팀 **디자인** 유은, 디자인전략팀 **마케팅** 김희연
발행처 ㈜시공사 **주소** 서울시 성동구 상원1길 22, 7-8층(우편번호 04779)
대표전화 02-3486-6877 **팩스(주문)** 02-585-1755
홈페이지 www.sigongsa.com / www.sigongjunior.com

글·사진 ⓒ 에버랜드 동물원, 2024

ISBN 979-11-7125-117-9 03810

*시공사는 시공간을 넘는 무한한 콘텐츠 세상을 만듭니다.
*시공사는 더 나은 내일을 함께 만들 여러분의 소중한 의견을 기다립니다.
*잘못 만들어진 책은 구입하신 곳에서 바꾸어 드립니다.

WEPUB 원스톱 출판 투고 플랫폼 '위펍' __wepub.kr
위펍은 다양한 콘텐츠 발굴과 확장의 기회를 높여주는
시공사의 출판IP 투고·매칭 플랫폼입니다.